Es gibt wirklich Menschen, die setzen sich in einem völlig freien Eisenbahnwaggon auf ihren reservierten Platz, weil sie für die Reservierung bezahlt haben, und zürnen dem Reisebüro, weil sie Rückwärtsfahren nicht vertragen.

© Peter Hohl (*1941), deutscher Journalist und Verleger, Redakteur, Moderator und Aphoristiker

Quelle: »Seid froh, wenn's schwierig ist...«

Das Buch

Sie möchten bei der Urlaubs- oder Reisebuchung Geld sparen? Dabei helfe ich Ihnen gerne.
Erfahren Sie in meinem Buch wie die moderne „Reiseproduktion" der Touristikunternehmen funktioniert.
Verstehen Sie die Mechanismen, die im Hintergrund ablaufen. Dabei spielt es keine Rolle, ob Sie in einem Reisebüro oder auf einem Internetportal Ihre nächste Reise buchen. Nutzen Sie die global vernetzte Welt der „Urlaubsindustrie" zu Ihren Gunsten.
Das dafür notwendige Wissen finden Sie in diesem Buch.

Der Autor

Thomas Biehlig, Jahrgang 69, lebt und arbeitet in Kiel. Als Dipl. Betriebswirt arbeitete er jahrelang als Einkäufer für namhafte Industrieunternehmen.

Weitere Bücher des Autors

Der Wissenschaftsthriller „ Die Nanolithografie"
Der Ratgeber „Die Lügen der Lebensmittelindustrie! Was uns alles schmeckt!"

Die globalen Reisenetzwerke

Tipps und Tricks zur Reisebuchung

© Dezember 2015 Thomas Biehlig
ISBN: 978-3-740-70770-5 Print

Im Internet unter
www.blackflagtravel.com

TWENTYSIX – Der Self-Publishing-Verlag
Eine Kooperation zwischen der Verlagsgruppe Random
House und BoD – Books on Demand

Herstellung und Verlag:
BoD – Books on Demand, Norderstedt

Die Deutsche Nationalbibliothek verzeichnet diese Publika-
tion in der Deutschen Nationalbibliografie; detaillierte
bibliografische Daten sind im Internet über
http://dnb.dnb.de abrufbar.

Inhaltsverzeichnis

DIE AKTEURE IN DER URLAUBSINDUSTRIE 9

DIE „PRODUKTION" DER REISEVERANSTALTER 22

DAS GLOBALE REISEBUCHUNGSSYSTEM 30

DER SIEGESZUG ONLINE-REISEPORTALE 51

DIE QUALITÄT DER ONLINE REISEPORTALE 55

DER „REISELEITER" GOOGLE UND ANDERE
SUCHMASCHINEN 58

DIE HITPARADE DER SPARMYTHEN BEI DER
REISEBUCHUNG 65

DER REISEVERTRAG 72

REISERÜCKTRITT UND REISEVERSICHERUNGEN BEI
DER REISEBUCHUNG 77

DIE WELT JENSEITS DES PAUSCHALTOURISMUS –
URLAUBSALTERNATIVEN UND NEUE IDEEN! 90

URLAUB ERSTEIGERN, BLIND BOOKING UND
GLÜCKSHOTELS 100

NACHWORT 105

SCHLAGWORTVERZEICHNIS 106

EPILOG

Der weltweite Tourismus ist heutzutage eine international straff durchorganisierte Industrie. Wer sich den betörenden Sirenengesängen der Reiseveranstalter hingibt, wird schnell in eine scheinbare Idylle aus Traumwelten und Versprechungen versinken. Mittels verschiedenster Marketingmethoden und Tricks versuchen die Konzerne aber letztendlich nur, uns zu einer Buchung zu bewegen. Dabei vermitteln sie geschickt das Gefühl, dass Sie etwas gekauft haben, dass individuell und einzigartig ist - Ihren Traumurlaub, zu einem Schnäppchenpreis!

Solange Sie daran glauben, werden Sie mit Sicherheit auch eine schöne Reise haben. Die Illusion der perfekten Reise und die erzeugten Glückshormone beim „Kauferlebnis", werden aber mit Sicherheit nicht lange Ihren Zustand der Euphorie aufrechterhalten können. Spätestens wenn Sie ihre Traumreise ein paar Tage später nochmals, z.B. auf einem anderen Portal vergleichen wollen, müssen Sie feststellen, dass nicht nur der Preis günstiger geworden ist, sondern auf einmal auch ein Bungalow mit Meerblick erhältlich ist.

Wenn Sie wissen möchten warum das so ist und wie die Urlaubsindustrie in Wirklichkeit funktioniert, sollten Sie sich jetzt die Zeit nehmen und dieses Buch lesen. Ob Sie am Ende bei der nächsten Reisebuchung tatsächlich Geld sparen, vermag ich nicht zu sagen. Sie werden aber mit Sicherheit Ihre Traumreise mit einem guten Gefühl buchen und antreten. Werfen Sie mit mir einen Blick hinter die Kulissen der Tourismuskonzerne, um die Mechanismen und die Methodik zu verstehen!

Die Akteure in der Urlaubsindustrie

Zunächst möchte ich Ihnen in einem kleinen Überblick die großen Akteure in der Urlaubsindustrie vorstellen. Dabei spielt es keine Rolle, ob Sie eine Pauschalreise buchen möchten, eine individuell zusammengestellte Reise oder einfach nur eine Unterkunft bzw. einen Flug. Gleiches gilt ebenfalls für geschäftlich veranlasste Reisen. Als Kunde werden Sie immer mit folgenden Konstellationen konfrontiert werden.

Reiseveranstalter

Ein Reiseveranstalter ist eine Unternehmung, die eigene Leistungen sowie Leistungen Dritter (Leistungsträger) zu marktfähigen touristischen Angeboten (Pauschalreisen) kombiniert und für die Vermarktung sorgt, wobei diese Pauschalreisen im eigenen Namen, auf eigene Rechnung und auf eigenes Risiko angeboten werden. Grundsätzlich gilt nach § 651 BGB als Reiseveranstalter, wer mindestens zwei gleichwertige Hauptreiseleistungen miteinander kombiniert und zu einem Gesamtpreis verkauft.

Die größten der Branche in Europa sind gemessen am Umsatz die TUI-Gruppe (18,3 Milliarden Euro), Thomas Cook (11,3 Milliarden Euro) und Kuoni (4,8 Milliarden Euro).

Folgende Hauptreiseleistungen können per Definition erbracht werden:

- Die Beförderung des Reisenden per Flug, Bahn, Schiff oder Bus
- Die Beherbergung des Reisenden im Hotel, in der Ferienwohnung oder Andersartig
- Dienste eines Reiseleiters, Versicherungen, etc.

Dabei werden in der Regel Beförderung, Beherbergung und Bewirtung nicht durch den Reiseveranstalter selbst, sondern durch andere Unternehmen erbracht, die der Reiseveranstalter als Leistungsträger eingeschaltet hat.

Virtuelle Reiseveranstalter

Virtuelle Reiseveranstalter kaufen im Gegensatz zu einem klassischen Reiseveranstalter die Bestandteile einer Pauschalreise (Flug, Hotelbetten, Transfers, etc.) nicht fix und im Vorfeld ein. Klassische Anbieter legen rund 1 ½ Jahre vorher Reisezeiträume fest, bestimmen die Bettenanzahl und reservieren Flugplätze. Im Gegensatz dazu erhalten virtuelle Reiseveranstalter täglich aktuelle Informationen von Fluggesellschaften und Hotels über freie Kontingente, die der Kunde direkt abrufen kann. Die Angebote werden in „Echtzeit" zu tagesaktuellen Preisen produziert. Dabei haftet der virtuelle Reiseveranstalter im Falle der Überbuchungen oder Flugausfälle. Neben der Flexibilität sind aktuelle Marktpreise und gute Verfügbarkeiten Vorteile virtueller Reiseveranstalter. Teure Garantien entfallen ebenso wie Druckkosten. „Virtuelle Veranstalter produzieren klassische Pauschalreisen mit modernster Technik und geringeren Kosten.

Eine Sonderform sind die „Mix und Travel" Angebote. Dieser Vorgang wird in der Branche auch "Dynamic

Packaging" genannt. Als Kunde kann man sich die Reise so zusammenstellen, wie es einem gefällt und man bekommt die besten, tagesaktuellen Preise. Beim "Mix u. Travel" können Flüge, Hotels und Mietwagen individuell zusammengestellt werden. Was zum echten virtuellen Veranstalter allerdings oft noch fehlt, ist die Haftung eines einzelnen Anbieters.

Achtung!!

Hier lauert eine der großen Fallen im Reiserecht!!! Als Kunde schließt man mit der Airline, Hotel und Mietwagenfirma häufig immer noch drei Einzelverträge ab und bekommt auch drei Rechnungen. Da es sich in diesem Fall nicht um eine Reiseveranstaltung per Definition handelt, fällt man als individuell reisender Kunde nicht unter den Veranstalterschutz!

Als virtuelle Reiseveranstalter treten auch die großen Tourismuskonzerne auf. Oft haben sie Tochterfirmen, bieten spezielle Internetangebote bzw. arbeiten mit einem großen Vermittler zusammen. Auf diese Art und Weise werden z.B. Last Minute Angebote, Restposten oder nicht vermittelte Kontingente verkauft, entweder als einzelne Leistung oder im „Package" unter dem Decknamen eines Tochterunternehmens oder mit Hilfe eines Dienstleisters, der Packages neu kreiert. Wie das funktioniert, erkläre ich später.

Reisevermittler oder Reisebüros

Ein Reisebüro ist ein Unternehmen der Reisebranche, das als Reisevermittler in der Touristik zwischen Reiseveranstalter und Reisendem tätig ist. Es kann auch selbst Reisen veranstalten und somit als Reiseveranstalter auftreten. Das Reisebüro ist ein Überbegriff in der Tourismusbranche. Dabei ist es wichtig zu wissen, in was für einem Reisebüro man sich zum Zeitpunkt der Buchung befindet, bzw. mit was für eine Art von Reisevermittler man eine Reise buchen möchte.

Das sogenannte „Vollreisebüro" ist dabei das Flaggschiff der Tourismusbranche. Es verfügt über die volle Lizenzierung der IATA (Berechtigung zur eigenen Ausstellung von Flugscheinen), Bahn, DER sowie mindestens ein Leitveranstalter. Das Vollreisebüro verkauft also neben den normalen Reisen/Pauschalreisen, auch Linienflugscheine und Bahntickets. Das Vollreisebüro vertritt außerdem meist einen Großveranstalter wie TUI, DER Touristik oder Thomas Cook, sowie viele kleinere Reiseveranstalter. Zahlreiche Vollreisebüros treten auch selbst als Reiseveranstalter auf und haben manchmal einen eigenen Reisekatalog. Oft handelt es sich bei diesen Büros um Kettenreisebüros, die auch einen hohen Anteil im Firmengeschäft haben.

Sitzen Sie hingegen in einem Touristik-Reisebüro, beschränkt sich deren Angebot auf die Vermittlungsleistung von Angeboten der Reiseveranstalter und anderen Leistungsträgern wie Hotels, Fluglinien oder Reiseversicherungen. Sie können auch über eine IATA verfügen. Auch hier gibt es Reisebüroketten.

So teilen sich drei große Reisebüroketten im Privatkundengeschäft mehr als 2/3 des Umsatzes. Zu den Marktführern zählen:

- die Vertriebsmarken der REWE-Touristik – circa 600 Reisebüros der Marken DER Reisebüro, DERPART und ATLASREISEN zuzüglich ca. 1200 Kooperationsreisebüros
- TUI Leisure Travel mit Reisebüros der Marken Hapag Lloyd, FIRST, TUI Reisecenter und deren Franchise- und Kooperationspartner
- Thomas Cook/Neckermann sowie deren Franchise- und Kooperationspartner

Natürlich können Sie Reisen auch bei sogenannten Buchungsstellen bequem buchen. Sie sind dadurch charakterisiert, dass sie vornehmlich Reisen des eigenen Veranstalters verkaufen, jedoch über Agenturverträge mit anderen Reiseveranstaltern verfügen. Es können zwei Typen von Buchungsstellen unterschieden werden. Zum einem die unternehmenseigene Buchungsstelle eines Reiseveranstalters z.B. Vorort, oder die Reiseabteilung branchenfremder Unternehmen, wie z.B. Tankstellen, Banken, Buchclubs, Lottoannahmestellen und andere.

Eine Sonderstellung nehmen die Reiseabteilungen größerer Unternehmen ein, die sich nur mit der Planung und Umsetzung von Geschäftsreisen befassen, häufig aber auch Mitarbeitern private Reisen vermitteln. Diese Reisestellen können keine Lizenzen für den Verkauf von Flugscheinen und Fahrkarten erwerben, arbeiten daher meist mit dem Firmendienst eines Vollreisebüros zusammen.

Der Markt für Geschäftsreisen gilt als sehr lukrativ und es gibt vier nennenswerte Spezialanbieter in Deutschland:

- BCD Travel mit 1,9 Mill. Euro Umsatz
- FCM (DER) Depart mit ca. 1,2 Mill. Euro Umsatz
- Lufthansa City Center (LCC) mit ca. 1, 2 Mill. Euro Umsatz
- Carlson Wagonlit (CWT) mit ca.1 Mill. Euro Umsatz

Online-Reisebüros

Wie in der der wirklichen Welt, muss man hier als Kunde auch genau unterscheiden. Im Wesentlichen gelten dieselben Klassifizierungen wie offline, mit einem gravierendem Unterschied! Die Grenzen zwischen Veranstalter und Vermittler verlaufen oft fließend und sind häufig nur im kleingedrucktem versteckt, bzw. treten erst bei Buchung zutage. Sie bieten dem Nutzer die Möglichkeit, sich Reisen auch nach Feierabend oder am Wochenende zusammenzustellen und per Mausklick zu buchen. Viele Onlinereisebüros bieten auf ihren Internetseiten zudem umfangreiche Informationsangebote, so zum Beispiel Hotelbewertungen oder Ausflugstipps sowie Zusatzdienste wie Versicherungen und Mietwagen.

Tipp!

Achten Sie bei der Suche im Internet immer darauf, dass Sie nicht bei einer reinen „Buchungsstelle", bzw. im schlimmsten Fall nur auf einer sogenannten „Affiliate" Marketing Seite gelandet sind. Heutzutage kann jeder, der eine eigene Homepage betreibt, auch Reisen vermitteln. Erstens werden Sie von dort aus in aller Regel sowieso nur auf die Internetangebote der Veranstalter oder die der großen „Vollreisebüros" weitergeleitet und zweitens tummeln sich hier auch jede Menge schwarze Schafe, die z.B. Appartements anbieten, die es gar nicht gibt. Leider ist die Phantasie der Internetkriminellen grenzenlos, im wahrsten Sinnen des Wortes.

Spezialreisebüros

Neben den großen Reisebüros gibt es auf dem Markt noch eine Vielzahl von Spezialreisebüros die zielgruppenorientiert oder auch ziellandorientiert arbeiten. Das sind Reisebüros, die ihre Angebote bewusst zuschneiden. Dies können bei Zielgruppen zum Beispiel Behinderte, Senioren, Rollstuhlfahrer, Pflegebedürftige oder z.b. Sportler sein. Andere haben sich auf bestimmte Länder oder Gebiete spezialisiert und haben so ein hohes Produktwissen, das ihnen einen Vorteil gegenüber jenen Vertriebsarten schafft, die über alle Länder und Reisearten Bescheid wissen müssen. Diese Reiseveranstalter oder Vermittler bieten dann spezielle Programme an, organisieren auch individuell zusammengestellte Reisen. Dabei bedienen sich diese Reisebüros entweder Spezialreiseveranstalter oder werden selbst als Reiseveranstalter mit Spezialreisen tätig. Der Vorteil für deren Reisegäste ist, dass speziell zugeschnittene Angebote offeriert werden, die spezifisch erforderliche Rahmenbedingungen bewusst aufzeigen.

Tipp

In den meisten Urlaubsländern lohnt es sich Ausflüge und Aktivitäten erst Vorort zu buchen. Dafür sollten Sie sich eine sogenannte Incoming Agentur suchen. Diese meist lokalen Veranstalter und Vermittler sind in den touristischen Zielgebieten angesiedelt und verkaufen an der Standortregion an ortsfremde Gäste entsprechende Angebote wie mehrtägige Ausflüge, Veranstaltungsbesuche und natürlich eine Vielzahl an Aktivitäten. Auch hier muss man zwischen Veranstalter und Vermittler unterscheiden! Häufig findet man in den touristischen Zielgebieten eine größere Anzahl von Anbietern und kann die Preise und Leistungen vergleichen. Verhandeln Sie immer den Preis! Es lohnt sich nachzufragen.

Consolidatoren

Consolidatoren sind die grauen Eminenzen in der Urlaubsindustrie. In der Regel werden Sie nie direkt mit Ihnen zu tun haben. Dennoch geht es in der Regel nicht ohne diese dritte Kraft. Diese Ticketgroßhändler nehmen eine wichtige Vermittlerposition zwischen Reisebüros und Fluggesellschaften ein. Die Endkundenbetreuung ist nicht vorgesehen. Reisebüros ohne IATA Lizenz müssen sogar Flugtickets über diese Instanz kaufen, da sie ohne eigene Lizenz keine Tickets ausstellen dürfen. Der Consolidator erstellt die Flugtickets für eine Grundgebühr, die weit unter der Provision in den Reisebüros liegt.

Auch für Reisebüros mit IATA-Lizenz kann sich ein Vertrag mit einem Consolidator lohnen Ein Consolidator erhält durch die hohe Anzahl der ausgestellten Flugtickets bessere Bedingungen für den Einkauf bei den Fluggesellschaften als ein Reisebüro. Consolidators dienen Fluggesellschaften auch dazu, überschüssige bzw. nicht verkaufte Flugkapazitäten mit Rabatten an Reisebüros, Veranstalter und andere Vertriebsplattformen zu vertreiben.

Im Wesentlichen gehören folgende Aufgabenbereiche in ein Consolidator Geschäft:

- Verträge mit Fluggesellschaften

- Veröffentlichung und Pflege von Flugtarifen in Datenbanken
- Verträge mit Reisebüros
- Service, telefonische Beratung für Reisebüros
- Ticketerstellung (Etix, Tickethinterlegung, Papierticket...)
- Versandabteilung, Botendienst
- Buchhalterische Organisation

Consolidatoren verkaufen heutzutage allerdings nicht nur Flugtickets. In dieses Geschäftsfeld fällt auch der Handel mit Hotelkapazitäten, Kreuzfahrten oder aber Mietwagen. Entscheidend ist, dass der Consolidator diese Geschäfte auf eigene Rechnung betreibt und die eingekauften Plätze dann entsprechend weiterverkauft. Im Grunde genommen handelt es sich um ein Geschäftsmodell vergleichbar mit dem eines Großhändlers.

Tipp
Die großen Consolidatoren für Flugtickets benennen Portale für Privat- und Geschäftskunden, die sie zu Ihren Kunden zählen, bzw. selbst betreiben. Besonders spannend ist die Seite Cheapfares.de. Dort können Sie auch Gabelflüge, Stopp Over Flüge und Fluggruppenreisen buchen! Wenn Sie mehr über das Geschäftsmodell wissen möchten, besuchen Sie einfach die Seiten consolidator.de oder airticket.de.

Auch der Reiseveranstalter TUI bietet unter tui4u.de tiefere Einblicke in das Geschäft.

Anmerkung

Da die Märkte für Mietwagen, Kreuzfahrten, Übernachtungen, Busreisen, Bahnfahrten etc. weltweit nicht annähernd so reguliert sind wie der weltweite Flugbetrieb, ist bei individueller Buchung derartiger Leistungen immer ein Preisvergleich empfehlenswert. In diesen Branchen tummeln sich ebenfalls zahlreiche Veranstalter, Vermittler und Consolidatoren!

Die „Produktion" der Reiseveranstalter

Eine Pauschalreise setzt sich immer aus mindestens zwei Bausteinen zusammen. Zum einem entstehen Fahrtkosten in Form von Flugtickets und zum anderem Übernachtungskosten. Eine juristische Definition für den Anwendungsbereich im Sinne einer Mindestharmonisierung enthält Art. 2 Richtlinie 90/314/EWG vom 13. Juli 1990:

„Die im Voraus festgelegte Verbindung von mindestens zwei der folgenden Dienstleistungen, die zu einem Gesamtpreis verkauft oder zum Verkauf angeboten wird, wenn diese Leistung länger als 24 Stunden dauert oder eine Übernachtung einschließt:

- Beförderung
- Unterbringung
- andere touristische Dienstleistungen, die nicht Nebenleistungen von Beförderung oder Unterbringung sind und einen beträchtlichen Teil der Gesamtleistung ausmachen."

Wichtig ist dabei folgende Unterscheidung. Werden vorkonfektionierte Veranstalterreisen mit Auslastungsrisiken zu einem Gesamtpreis verkauft, spricht

22

man von einer Pauschalreise, werden sie weitgehend ohne Kapazitätsgarantien hergestellt und sind auch einzeln mit separaten Preisen erhältlich, so spricht man von Bausteinreisen.

Auch wenn Sie jetzt verzweifeln werden. Reiseveranstalter treten sowohl als Händler, als Vermittler und als Produzent auf.
Immer entscheidend ist die Frage: Wer trägt das Auslastungsrisiko?

Der Reiseveranstalter konfektioniert eine Reise mit Auslastungsrisiko immer als Produzent und oder Händler. D.h. er verdient sein Geld damit, auf die Einkaufspreise der einzelnen Produkte eine Marge zu kalkulieren, die ihm einen wirtschaftlichen Gewinn verspricht. Entweder er erzielt einen Handelsgewinn aus dem Weiterverkauf, oder einen „Produktionsgewinn" aus der Herstellung und Veräußerung seines Produktes. Als Nebentätigkeit vermittelt ein Reiseveranstalter häufig noch weitere, zusätzlich buchbare Leistungen wie Mietwagen, Versicherungen, Ausflüge oder z.B. Eintrittskarten. Werden diese Leistungen preislich gesondert dargestellt und sind nicht im Paketpreis enthalten, kann man diese buchen, muss man aber nicht!
Sind derartige Leistungen enthalten, z.B. eine Reise zu einem Musical in London mit Eintrittskarte oder

eine Busrundreise mit dem Besuch einiger Touristenattraktionen sind diese Leitungen Bestandteil des Pauschalreiseangebotes. In dem Reiseprospekt muss jede noch so kleine Leistung genauestens aufgeführt werden. Alles was Sie dort nicht finden, müssen Sie gegebenenfalls zusätzlich zahlen, nachbuchen oder sie lehnen im Gegenzug diese zusätzliche Leistungen einfach ab.

Der Consolidator hingegen kalkuliert seine Reisen immer entweder als Händler oder im Mix als Händler und Vermittler. Als Händler muss er auf seinen Einkaufspreis eine bestimmte Marge zur Kostendeckung und Gewinnerzielung einplanen. Als Vermittler hingegen muss er die Provisionen die ihm angeboten werden akzeptieren. Dafür kann er ohne Auslastungsrisiko sein Geschäft betreiben. In der Regel bündelt der Consolidator gleichartige Produkte, der Reiseveranstalter hingegen verschiedenartige. Da sich mittlerweile die Touristikunternehmen nicht nur horizontal, sondern auch vertikal ausbreiten in ihren Geschäftstätigkeiten, finden sich in der Praxis häufig sehr spannende Geschäftsmodelle und Reiseangebote.

Ziel ist es, die Wertschöpfungskette soweit wie möglich zu integrieren und so wenig wie möglich an Fremdleistung beschaffen zu müssen.

Nehmen wir als erstes Beispiel den Thomas Cook Konzern. Das an der Londoner Börse notierte Unternehmen unterhält eine Flotte von mehr als 80 Flugzeugen (im Eigenbesitz oder unter Leasing) und ist über ein Netzwerk von rund 3.000 Reiseshops in 15 Ländern weltweit präsent. Zu den Hauptmarken zählen unter anderem Thomas Cook, Airtours, Sentido, Neckermann Reisen, Condor, Tjäreborg, Bucher Reisen und ÖGER TOURS. Der Hauptsitz der Thomas Cook Group plc ist in London, UK. Besuchen Sie einmal die Webseite thomascookgroup.com. Sie werden staunen wie agil dieser Konzern ist.

Falls Sie jetzt denken, dass ist nicht mehr zu überbieten, dann schauen Sie sich einmal die Webseite der TUI Group (tuigroup.com) an. Die TUI Group gilt als führender Touristikkonzern der Welt. Unter dem Dach des Konzerns bündelt sich das große Portfolio starker Veranstalter, 1.800 Reisebüros und führende Online-Portale, sechs Airlines mit mehr als 130 Flugzeugen, über 300 Hotels und Ressorts mit 210.000 Betten, zwölf Kreuzfahrtschiffe sowie unzählige Zielgebietsagenturen in allen wesentlichen Urlaubsländern rund um den Globus.

Gehen Sie z.B. in ein von Reisebüro von 1-2-FLY, sitzen Sie ebenso in einer TUI Tochter wie bei Wolters Reisen. Natürlich können Sie auch gleich direkt in einem Reisebüro der TUI Group buchen.

Sicherlich sind alle diese Fakten ermüdend und Sie fragen sich gerade warum Sie das alles wissen müssen. Die Antwort ist ganz einfach. Sie bekommen häufig „Urlaubsmassenware" angeboten, die Sie im Alleingang als Individualreisender so überhaupt nicht auf dem Markt finden, schon gar nicht zu den Preisen. Die Masse macht es. Dank der starken Konkurrenz und des Überangebotes auf dem Markt muss man fairerweise schon fast behaupten, billiger geht es nicht.

Wenn Sie aber den Massenmarkt des Katalogtourismus verlassen, treffen Sie auf ein sehr lebendiges Biotop verschiedenster Reiseveranstalter. Spätestens jetzt ist Fingerspitzengefühl bei der Buchung angesagt. Dazu später mehr.

Tipp

Wenn Sie Ihren Urlaub stressfrei als Frühbucher buchen möchten und zeitlich eingeschränkt sind, suchen Sie sich ein Pauschalangebot von den großen Reiseveranstaltern aus und variieren Sie einfach nur ein wenig hinsichtlich Abflugzeit, Urlaubsdauer und Abflugort. Sie werden staunen, wieviel Geld Sie für eine vierköpfige Familie sparen können, wenn Sie z.B. nicht in Hamburg, sondern in Frankfurt losfliegen oder statt Samstagnachmittag z.B. Montagmorgens.

Umgekehrt gilt für Last Minute und Superlastminute nicht immer das gleiche Prinzip. Hier muss man nehmen was übrig ist! Clevere Frühbucher haben dann bereits die günstigsten und schönsten Varianten gekauft und „Trümmer" hinterlassen. Dafür gewährt Ihnen der Veranstalter vielleicht einen Rabatt, weil er Angst hat auf Kapazitäten sitzen zu bleiben.

Wenn Sie das Prinzip verstanden haben, sollten wir jetzt noch einen Schritt weiter gehen. Die Hauptleistungen eines Pauschalreisangebotes kennen wir ja jetzt. Okay werden Sie denken, ein Ticketpreis kann auf den Cent genau kalkuliert werden und auch die Kosten pro Gast/ Übernachtung in einem Hotel oder in einer Anlage sind kalkulierbar. Grundsätzlich ist dem zuzustimmen. Trotzdem gibt es immer wieder Möglichkeiten ein Urlaubsschnäppchen zu machen. Nehmen wir als Beispiel die Wechselkurse. Bleiben wir im Euroraum, spielen die keine Rolle. Aber selbst wenn Sie nur in der Türkei einen Pauschalurlaub verbringen möchten, gibt es Währungsrisiken für den Veranstalter und letztendlich auch für Sie. Ist ein Land wirtschaftlich schwach, dann profitieren Sie als Tourist häufig von einem günstigen Preis-/Leistungsverhältnis vor Ort. Umgekehrt ist es für Sie in einem Land wie Japan z.B. außerordentlich teuer. Aber wie es an der Börse so schön heißt: „ The Trend is your friend", fliegen natürliche alle in sogenannte „Billigländer" und die Preise steigen aufgrund des knappen Angebotes vor Ort. Genauso beeinflussen politische Krisen und Katastrophen die Kalkulation der Pauschalreiseanbieter. Derartige Ereignisse sind Unvorhersehbar und verbunden mit hohen Kosten für Stornierungen und Überkapazitäten. Zwar möchte niemand in einem Krisengebiet Urlaub machen, aber es gibt auch Ausnahmen. Manchmal sind nur bestimmte Regionen betroffen, oder es gibt es nur eine temporäre, bzw. ortsgebundene Reisewarnung vom Auswärtigen Amt. In diese Kategorie fallen häufig Länder die vom Massentourismus noch verschont sind, politisch eher unstabil sind oder unter Dauerkrisen und Konflikte leiden wie Kenia, Kolumbien, Ägypten, Israel, Indonesien oder Sri Lanka .Falls Sie derartiges ausblenden können, gibt es viele interessante Ziele und teilweise echte Urlaubsschnäppchen, wenn man die Begleitumstände beachtet! Von Katastrophentourismus oder von einer Reise in ein Kriegsgebiet möchte ich an dieser Stelle allerdings ausdrücklich abraten!

Zusammenfassend ist festzustellen, dass das verstehen der „Produktion" der Reiseangebote, sei es eine Pauschalreise oder ein einzelner Bausteine, letztendlich für den Verbraucher immer eine „Black Box" ist. Die Rohstoffe der Produktion sind Übernachtungska-

pazitäten, Mietwagenflotten, hunderte Fluggesellschaften und deren Streckennetz sowie die ausgear-
beiteten Angebote von Zielagenturen für Events,
Ausflüge etc..

Tipp

Wenn Sie verstehen möchten, wie sich das Preis-/
Leistungsgefüge eines Reiseangebotes zusammen-
setzt, fangen Sie einfach bei der allerbilligsten Variante an. In der Regel wird das für eine Pauschalreise die
einfachste Zimmerkategorie sein, mit Glück ist sogar
das Frühstück optional buchbar. Vergleichen Sie einfach mal diesen Basispreis mit möglichen Flugoptio-
nen. Sie werden überrascht sein, wieviel Unterschied
es ausmacht, wenn Sie einmal alle Extras ausklam-
mern und sich nur auf Flug mit Übernachtung kon-
zentrieren. Das gleiche Prinzip ist für alle Bausteine
anwendbar, sei es für Mietwagen, Kreuzfahrten oder
reine Übernachtungen. Gehen sie wissenschaftlich
vor und versuchen Sie zunächst die Basisleistung miteinander zu vergleichen, den kleinsten gemeinsamen
Nenner.

Das globale Reisebuchungssystem

Ist ein Reiseprodukt fertig, sei es eine Pauschalreise oder ein einzelner Baustein, muss dieses logischerweise auch irgendwie verkauft werden. Spätestens jetzt können wir dieses Produkt als Kunde käuflich erwerben. Doch wie erfahren wir von diesen Produkten? Auf welchen Wegen gelangen diese Angebote zu uns? In aller Regel handelt es sich zunächst um ein reines Datenpaket, das der Reiseveranstalter oder der Bausteinlieferant kreiert hat. Dieses Datenpaket lädt er in eine Datenbank und erlaubt damit anderem, legitimierten Nutzern, den Zugriff auf seine hochgeladenen Daten. Um zu verstehen, wie wir am

Ende zu unserer geplanten Reise oder zu unserem Mietwagen kommen, möchte ich Ihnen in diesem Kapitel die Grundlagen der verschiedenen EDV Systeme der Reiseindustrie erklären.

Diese EDV Systeme und deren Interaktion sind heutzutage das beherrschenden Thema der Branche. Ohne hochmoderne Rechenzentren und komplexe Software würde heutzutage nichts mehr gehen. Alles ist miteinander vernetzt und alle Akteure bekommen in Echtzeit mehr oder weniger die gleichen Angebote bzw. Daten angezeigt.

Die IT Dienstleistungen der globale Distributionssysteme (GDS) im Überblick

Globale Distributionssysteme werden von internationalen Technologieunternehmen betrieben, die den Tourismus- und Reiseunternehmen damit branchenspezielle IT-Dienstleistungen zur weltweiten Vermarktung ihrer Reiseprodukte anbieten. Vielfach werden die Begriffe Computer-Reservierungssystem oder Central Reservation System unter der Abkürzung CRS synonym mit dem GDS-Begriff verwendet. Der Begriff Global Distribution System ist aber der umfassendere Begriff für die Vielzahl angebotener IT-Dienstleistungen. Der Begriff Computer-Reservierungssystem (CRS) wird oftmals auch unspezifisch als Oberbegriff für elektronische Systeme zur Buchung, Reservierung und Abwicklung touristischer Leistungen genutzt.

Grob lassen sich zunächst folgende Systeme voneinander abgrenzen:

- Global Distribution Network (GDN): Internationale standardisierte Netzwerke und Kommunikationsverfahren zum Reisevertrieb über Reisevermittler.

- Global Reservation System (GRS): Internationales und zentrales Reservierungssystem zum Vertrieb von Einzel-Reiseleistungen, insbesondere (Linien-)Flüge, Hotelübernachtungen und Mietwagen.

- Ergänzende datenbankbasierte Beratungs- und Reservierungsdienstleistungen, Front-Office-Dienste, z.b. touristische Suchmaschinen mit umfangreichen Angebotsvergleichen, multimediale Produktdarstellungen und touristische Informationen.

- Weiterverarbeitende Mid- und Back-Office-Dienste insbesondere für Reisevermittler, z.b. Kunden- und Vorgangsverwaltung, Management-Information, Finanzbuchhaltung oder Datentransfer der Buchungsvorgänge in die angeschlossenen Mid- und Back-Office-Systeme der Reisevermittler.

- Dienstleistungen zum webbasierten Reisevertrieb (Internet Booking Engines und virtuelle Reisevermittler).

- Dienstleistungen zum Business Travel Management.

Vereinfacht sind diese Computerreservierungssysteme vernetzte Informationssysteme über Preise, Verfügbarkeiten und Buchungsmöglichkeiten von Reisen wie Flügen, Hotels, Mietwagen, Fähren, Kreuzfahrten, Bahnen, Bussen und Pauschalreisen.

Reisebüros und wir als Endkunde können Informationen und Vakanzen abfragen. Angeschlossene Reisevermittler können außerdem Kundendaten und Leistungen erfassen, verarbeiten bzw. buchen.

Die Systembeteiligten der GDS

Systemteilnehmer

Die wichtigsten Leistungsanbieter der globalen Systeme sind die Linienfluggesellschaften, welche diese Systeme auch ursprünglich entwickelt hatten. Zur Vervollständigung des Angebotes wurden die großen Hotel- und Mietwagenketten in die Systeme aufgenommen. Es gibt zudem noch Reiseveranstalter, Kreuzfahrt- und Bahngesellschaften. Die Distributionssysteme sind nicht mehr im Besitz der Systemteilnehmer.

Systembetreiber

Die globalen Distributionssysteme haben die Aufgabe der Produkt- und Tarifdarstellung sowie der Reservierung der Reisedienstleistungen aller Systemteilnehmer. Hierzu verfügen die Systeme über Kommunikationszentralen zur weltweiten Verbindung mit den Systemnutzern. Zudem erleichtern moderne Benutzeroberflächen die Benutzung der Systeme.

Systemnutzer

Auf der Nutzerseite sind vor allem die Reisevermittler zu nennen. Deren Aufgabe ist es, alle Reisedienstleistungen an den Endkunden zu vermitteln. Hierzu werden vor allem die globalen Systeme genutzt. Auch wir als Endkunden sind mit Hilfe von Internet Booking Engines (IBE) zunehmend direkt an die GDS angeschlossen. Der Informationsvorsprung der Reisevermittler entfällt immer häufiger.

Die Arbeitsweise der GDS

Die teilnehmenden Tourismusunternehmen werden zunächst über standardisierte Schnittstellen (Interfaces) eingebunden. Technisch basieren diese Schnittstellen zum Datenaustausch auf der Internet-Technologie, und sie spezifizieren die für eine bestimmte Leistungsart (z. B. Pauschalreise bei einem Reiseveranstalter) und Transaktionsart (z. B. Buchung oder Vakanz Abfrage) zu erfassenden und zu transferierenden Daten.

Aus der anwendungsorientierten Sicht eines stationären Reisevermittlers stellen sie sich als die nach Leistungsarten differenzierten Bildschirmmasken zur

Datenerfassung und -anzeige dar, bzw. als Anwendungs- oder Reservierungsverfahren. Ein GDS stellt den Reisevermittlern diese Verfahren via Internet zur Verfügung. Abhängig von den getroffenen Lizenzvereinbarungen erhält ein Reisevermittler über das Web-Portal des GDS Zugriff auf die für ihn freigegebenen Verfahren Die Systemteilnahme ist für die Reisevermittler kostenpflichtig und kann gemäß der genutzten und lizenzierten Anwendungsverfahren differenziert werden.

In Bezug auf Reiseveranstalter und die Buchung von Pauschalreisen arbeiten die GDS nur als Kommunikationssysteme (GDN). Sie stellen die Kommunikationsstrukturen zwischen Reisevermittler und Reiseveranstalter zur Verfügung. Um als Reiseveranstalter angeschlossen zu werden, ist als Schnittstelle zu seinem betrieblichen Reservierungssystem ein automatisiert arbeitendes Software-Modul erforderlich. Diese Schnittstellen-Software interpretiert die von den Reisebüros übermittelten Daten, so dass das Reservierungssystem des Veranstalters sie automatisch gemäß der gewünschten Aktion (z. B. Vakanz Anfrage, Buchung) verarbeiten und beantworten kann. Anschließend versendet die Schnittstellen-Software die Antwortdaten zu der jeweiligen Aktion, so dass sie via GDN übertragen und mit der standardisierten Bildschirmmaske des Reservierungsverfahrens für Pauschalreisen sachgerecht im Reisebüro dargestellt werden. Die GDS-Teilnahme ist für Reiseveranstalter kostenpflichtig und wird i. d. R. über die Anzahl vermittelter Buchungen berechnet.

Eigentlich ist das Prinzip für den Endkunden ganz simpel. Sie müssen nur, wie bereits mehrfach erwähnt, unterscheiden wer Ihnen die Daten anbietet. Sie können direkt bei einem Reiseveranstalter buchen, Sie können über ein Reisebüro oder einer Buchungsstelle buchen oder aber die Buchung persönlich in dem GDS vornehmen – wenn Sie auf einem entsprechenden Portal im Internet sind. Ihre Daten werden immer in den globalen Reservierungssystemen (GRS) erfasst und weiterverarbeitet.

Tipp

Lassen Sie sich nicht von Hinweisen wie" Achtung! Nur noch drei Restplätze" oder „Ein anderer Kunde war leider schneller" in die Irre führen. Auch der Hinweis auf ein Rabatt, falls Sie sich genau jetzt entscheiden, sind häufig nur Marketingtricks der Reisevermittler und Veranstalter. Viele Wege führen bekanntlich nach Rom. Ein nettes Geschenk ist allerdings ein Gutschein bei Buchung für die nächste Reise. Ein derartiger Gutschein sollte allerdings nicht das Hauptkaufargument sein.

Die Geschäftsfelder der GDS Anbieter

Die Global Distribution Systems sind ursprünglich mit dem Aufbau internationaler Reservierungszentralen (GRS) durch kooperierende Linienfluggesellschaften gegründet worden. Die globalen Reservierungssysteme der im Wettbewerb stehenden GDS verwalten die Flugangebote mit ihren Kontingent-, Preis- und Leistungsdaten in ihren zentralen Rechenzentren. Sie arbeiten als Reservierungszentralen, d.h., sie verarbeiten und verwalten die Buchungen zentral und steuern die Abwicklung der Reservierungen z. B. bzgl. Inkasso und Ticketing. Bedingt durch internationale Abkommen oder aus Gründen des Wettbewerbs kann davon ausgegangen werden, dass alle weltweit führenden Fluggesellschaften mit ihren Angeboten in allen GRS vertreten und in Echtzeit buchbar sind. Das erfordert einen permanenten und automatisierten Abgleich der Angebotsdaten, insbesondere der Verfügbarkeiten und Preise.

Ergänzend zu den Flugleistungen sind auch Mietwagen und Hotelübernachtungen über die GRS buchbar. Es sind somit Reiseleistungen einzeln und kombiniert buchbar (Dynamic Bundling). Das Verfahren des Dynamic Bundling wird entsprechend definiert als die „in Echtzeit erfolgte, kundengerechte Auswahl und

Bündelung von Reisekomponenten aus unterschiedlichen Quellen.

Buchung und Ausführung erfolgen in separaten Schritten nach den Regeln des Mittlergeschäfts. D.h., das unter dem neuen Namen ‚Dynamic Bundling' ist nichts anderes als das „klassische Individualpaket zu verstehen ist, das seit jeher das Brot- und Butter-Geschäft vieler Reisebüros darstellt.

Somit sind die GDS auch wichtige Vertriebssysteme für die Groß- und Kettenhotellerie (Hotel-Reservierungssystem). Teilnehmende Hotelbetriebe und -ketten übermitteln ihre Angebote, die über GDS vermarktet werden sollen, an eine Switch Company, die diese Daten in die Darstellungsweise und Formate des jeweiligen GDS konvertiert und transferiert. Dabei können auch, wie bei den Flug- und Mietwagenangeboten, spezielle Corporate Rates durch die Hotels hinterlegt werden, die nur für die Unternehmen buchbar sind, mit denen als ihre Großkunden spezielle Preiskonditionen vereinbart worden sind. Damit unterstützen die GDS das Business Travel Management der Anbieter und Nachfrager von geschäftlich genutzten Reiseleistungen. Auf weitere Dienstleistungen, die die GDS zum Business Travel Management anbieten, soll hier nicht näher eingegangen werden

Die Grundstrukturen der im Wettbewerb stehenden Global Distribution Systems sind sehr ähnlich. Ein Reiseunternehmen, das an einem GDS teilnehmen will, wird zur Auswahl neben den Kosten insbesondere vergleichen, mit welchen Geschäftspartnern über die jeweiligen GDS kooperiert werden kann. Doch auch in dieser Hinsicht haben sich die GDS durch den Wettbewerb bedingt sehr angeglichen. Daher ist es zunehmend wichtig geworden, weitere Dienstleistungen den teilnehmenden Reiseunternehmen anzubieten. Dazu sind die GDS insbesondere durch ihre zentrale Position im Rahmen der tourismuswirtschaftlichen Kommunikationen befähigt.

Das Oligopol der GDS Konzerne! Zahlen und Fakten!

Nach mehreren Konsolidierungen gibt es inzwischen nur noch drei globale Systeme:

- **Amadeus**

- **Galileo/ Travelport**

- **Sabre**

Lassen Sie sich von den Zahlen und Fakten einfach mal überraschen!

Die Amadeus IT Group S.A. in Madrid

Die Amadeus Group ist aktiv in 195 Ländern und wickelt ca. 440 Millionen Buchungen im Jahr ab. Amadeus ist das führende Unternehmen für die Abwicklung von Reisetransaktionen.

Das hoch entwickelte Amadeus System ermöglicht Reisebüros in Deutschland den Zugriff auf:

- 424 Fluggesellschaften
- 207 Reiseveranstalter
- 110.000 Hotels plus die Angebote von HRS, Destinations of the World und Transhotel
- 40 Bahnunternehmen
- 30 Mietwagen-Anbieter
- 13 Kreuzfahrtanbieter und Fährunternehmen
- 6 Versicherungsunternehmen

Das System bietet Zugriff auf 95% aller weltweit auf Linienflügen verfügbaren Sitzplätze. Über 90.000 Reisebüros sind Kunden des Systems. Dies entspricht über 400.000 Verkaufsstellen. Zudem verbindet Amadeus mehr als 60.000 Vertriebsstellen von Fluggesellschaften und 4.500 Unternehmenskunden weltweit.

Das Amadeus Rechenzentrum in Erding bei München ist eines der weltweit größten Rechenzentren, das sich auf die Reisebranche spezialisiert hat. Es umfasst Speicherkapazitäten von mehr als 10.000 Petabyte. In Spitzenzeiten verarbeitet es mehr als 17.000 Transaktionen pro Sekunde mit einer durchschnittlichen Reaktionszeit von weniger als 0,3 Sekunden

Das Sabre Travel Network

Sabre steht als Akronym für *Semi-Automatic Business Research Environment*. Laut Unternehmensaussage ist das Sabre Travel Network die erste Wahl der weltweit erfolgreichsten Geschäftsreiseanbieter und Reisebüros. Über Sabre laufen laut Unternehmensangabe:

- 60% an den GDS-Flugbuchungen bei den weltweit führenden Online-Reisebüros

- bei den weltweit führenden Geschäftsreisebüros liegt dieser Anteil bei über 50 Prozent.

Über die Sabre-Reiseplattform erhalten Sie Zugriff auf mehr als 400 Fluggesellschaften, 100.000 Hotels, 13 Kreuzfahrtgesellschaften und 25 Mietwagenanbieter.

Ein interessantes Detail zu dem Sabre Travel Network sollte an dieser Stelle nicht unerwähnt bleiben. Sicherlich ist Ihnen die Online Reiseplattform Expedia ein Begriff. Der wahrscheinlich größte Sabre Kunde ist Expedia. Mit der Übernahme der Sabre Tochter Travelocity ist die Geschichte der beiden Unternehmen nun noch enger verwoben. Dazu später mehr.

Travelport

Der dritte GDS Anbieter ist ebenfalls ein britisches Unternehmen und kann mit folgenden Unternehmensaussagen glänzen:

- Zugriff auf die Daten von über 460 Airlines inkl. Low Cost Carrier
- 58.000 Hotels
- 23 Autovermieter mit 35.000 Mietwagenstationen
- Drei Milliarden Anfragen pro Tag
- 43.000 Reisebüros benutzen das System weltweit
- 430 Reiseveranstalter sind buchbar

Spannend und abwechslungsreich ist die Geschichte von Travelport. 1987 wurde in Swindon, UK die Galileo Company Ltd von den Anteilseignern British Airways, Swissair, KLM Royal Dutch Airlines, Alitalia und Covia (vormals Apollo Travel Services) gegründet. Im Jahr 1997 fand der Börsengang der Galileo International Corporation an der New York Stock Exchange statt. Von Oktober 2001 bis September 2006 war die Cendant Corporation alleiniger Anteilseigner und Galileo in dieser ein wichtiges Mitglied der Cendant Travel Distribution Services, in welchem die touristischen Aktivitäten der Cendant Corporation gebündelt waren. Nach der Aufspaltung der Cendant Corporation in vier eigenständige Unternehmen im Jahre 2006 wurde der Bereich TDS an den Finanzinvestor Blackstone Group verkauft und firmiert seitdem unter dem Namen Travelport. Nach Freigabe durch die Kartellaufsichtsbehörden in den USA und der EU hat Travelport am 21. August 2007 den Galileo-Mitbewerber Worldspan übernommen und mit der Zusammenführung der beiden Reservierungssysteme begonnen. Damit gab es nur noch drei weltweite GDS Anbieter.

Tipp
Buchungen die in Galileo von Travelport generiert wurden, lassen sich über www.viewtrip.com im Internet darstellen. Außerdem bietet das Portal noch eine Menge nützliche Zusatzfeatures. Fragen Sie bei der Buchung danach. Sabre hingegen bietet mit dem Tool RentalsCombioned.net eine End-to-End-Lösung, mit der Mietunterkünfte verkauft werden. Dies App ist ein „Hybrid" zwischen Diensten wie AirBNB, VRBO, HomeAway oder OwnersDirect, da vergleichbare

Preise zusammen mit einer Qualitätskontrolle und Sicherheit für den Reiseorganisator angeboten werden. Dem Preis werden keine Buchungsgebühren hinzugefügt und alle Objekte werden von Fachleuten verwaltet. Fragen sie im Reisebüro nach dieser Möglichkeit falls Sie kein Hotel oder komplettes Appartement buchen möchten! Diese Möglichkeiten werden dem Mitarbeiter im Reisebüro angezeigt und können dem Kunden angeboten werden.

Highlight!

Unter Amadeus.net finden Sie die neuste Innovation des GDS Anbieters Amadeus IT Group. Dort können sie selber Reisen buchen und haben somit direkten Zugang zu dem GDS System! Sie können dort klassisch suchen, Reisedaten teilen und speichern! Außerdem finden Sie dort nützliche Tools für unterwegs wie Karten, Währungsrechner usw. Desweiteren bietet die Plattform die Möglichkeit, sich die Flugpreise für ein ganzes Jahr anzuschauen, zeigt Schnäppchen und Empfehlungen sowie Preistrends! Einziger Nachteil ist, dass das Portal zurzeit noch in der Beta Version steckt und ausschließlich auf Englisch ist.

Die wichtigsten zusätzlichen Möglichkeiten der GDS

Wenn Sie im Reisebüro sitzen oder während Sie versuchen eine Reise über eines der vielen Portale im Internet zu buchen, sollten Sie immer folgende Features der modernen GDS Systeme im Hinterkopf haben, bzw. hinterfragen:

Reise Apps
Fragen Sie im Reisebüro nach. Sabre bietet z.B. über 100 kostenlose Smartphone Reiseführer. Außerdem sollten Sie eine Flugüberwachung App installieren, die Ihnen anzeigt wie Ihr aktueller Flugstatus ist.

Sitzplatzreservierung und Gepäck
Die Kosten und Möglichkeiten variieren stark von Fluggesellschaft zu Fluggesellschaft. Grundsätzlich ist es aber immer möglich auf die Sitzplatzverfügbarkeit zu schauen. Zumindest im Reisebüro sollten Ihnen die Möglichkeiten genannt werden! Auch beim Gepäck sollten Sie nachfragen.

Mietwagenreservierungen
Abgesehen von den üblichen Fragestellungen wie Versicherung etc. fragen Sie immer nach, ob es die Möglichkeit gibt, sich den Wagen auf Wunsch zum Hotel bringen zu lassen. Abholung entsprechend!

Dadurch können sie Mietdauer noch besser variieren und viel Geld sparen.

Visa Service

Auch hier liefern die GDS Anbieter nützliche Hinweise. Zur Not gibt es Visa Agenturen die sich um alles kümmern.

Storno- und Umbuchungsgebühren bzw. Ticketübertragung

Fragen Sie nach einer Reiserücktrittsversicherung und den Möglichkeiten für den Fall der Fälle. Grundsätzlich handhabt das jeder Reiseveranstalter bzw. jede Fluggesellschaft etc. anders. GDS hat die Daten im System!

Hotelzimmer, Zimmerservice und zusätzliche Möglichkeiten im Hotel

Viele Hotels bieten verschiedene Zimmer Kategorien an. Häufig besteht auch die Möglichkeit separat Leistungen wie Frühstück, Halbpension All In, das späte auschecken etc. zu buchen. Fragen Sie nach Preisen für Zimmer Upgrades, Beistellbetten oder Meerblick. Häufig ist auch die Lage der Zimmer entscheidend bzw. des gesamten Hotels. GDS hat die Daten, die Auswahl und die Verfügbarkeit.

Flugvariationen

Sie können heutzutage problemlos alle nur denkbare Varianten an Flügen buchen. Bei Fernreisen können Sie z.B. einen Stopp einplanen oder fragen Sie nach Gabelflügen (Der Zielort des Hinfluges ist mit dem Startort des Rückfluges nicht identisch). Auch doppelte Gabelflüge (Abflug- als auch Zielflughafen bei Hin- und Rückflug sind nicht identisch) oder Multi-Stopp-Flüge (z.B. ein Flug von Hamburg nach Rom, von Rom nach Mailand und von Mailand nach Hamburg) und Gruppenreisen sind kein Problem. Ebenso gibt es zahlreiche „Around the World Ticket" Variationen und Flugschnäppchen aus diversen Gründen. Der Verkauf von Sitzplätzen ist das Butter und Brot Geschäft der GDS Anbieter und heutzutage dank der modernen EDV ein Eldorado für Reisende, nicht nur aufgrund des starken Wettbewerbs.

Alleinreisende Kinder, Behinderte, Tiere, Sperrgepäck, Online Check In etc.

GDS liefert alle Daten die notwendig sind und zeigt die Möglichkeiten auf. Gleiches gilt für Parkmöglichkeiten am Flughafen, Zug zum Flug, Botenservice für Tickets, Airportshuttle etc.

Sonstige Buchungsmöglichkeiten

Die GDS Anbieter verkaufen bzw. vermitteln Tickets von lokalen Bahn- und Busgesellschaften, für Events und Ausflüge vor Ort sowie Versicherungsleistungen wie Gepäck, Reisekrankenversicherung oder Reisrücktritt. Inzwischen können sogar „Duty Free Angebote erworben werden.

Sicherlich sind das noch lange nicht alle Möglichkeiten und Services der GDS Anbieter. Reisebüros und Consolidatoren haben wesentlich mehr und ganz andere Möglichkeiten Reisen zu planen und zu vermitteln als es dieser kleine Auszug der Leistungen zulässt. Als Kunde ist es aber wichtig zu wissen, dass die Datenkraken der GDS weltweit vernetzt sind die Systeme kooperieren. Inwieweit Sie die Möglichkeiten ausschöpfen, bleibt allerdings immer in Ihrer Verantwortung.

Der Siegeszug Online-Reiseportale

Mit den modernen Möglichkeiten der IT Systeme hat sich die Touristikindustrie gewandelt und hat Ihren Kunden sozusagen mit in das Internet genommen. Wie bereits erwähnt finden Sie alle Anbieter auch auf irgendeine Art und Weise im Internet vertreten. Deshalb möchte ich Ihnen an dieser Stelle einmal die größten und beliebtesten Buchungsportale im Internet vorstellen. Fangen wir in Deutschland an und schauen zunächst einfach nur plakativ auf die Einzelbesucherzahlen (Unique Besucher) pro Monat.

(Quelle Zahlen © Statista 2015)

Schauen wir jetzt einmal weltweit auf die Besucher Statistik der beliebtesten Buchungsportale, hier im Monat Mai. 2014

(Quelle Zahlen © Deutscher Reiseverband- Touristik Report)

Auch wenn es jetzt ein wenig zu speziell wird, aber ein paar Hintergründe zu diesen Zahlen und Fakten über 2014 sind erstaunlich, insbesondere wenn man die weltweite Statistik mit Deutschland vergleicht.

Booking.com belegt mit 210,5 Millionen Besuchern im Mai 2014 den ersten Platz der Übersicht als meist frequentierte Online Buchungsseite. Die Priceline Gruppe, welche Booking.com, Priceline.com, Agoda.com und die Kayak Seiten umfasst führt mit großem Abstand weltweit.

TripAdvisor ist die zweitbeliebteste Marke, wenn man die Werte aller länderspezifischen Seiten und die Marken addiert.

Die Expedia Gruppe, welche Hotels.com, Trivago, Hotwire und Venere umfasst, sowie die Expedia Marken (länderspezifische Seiten) und belegt den dritten Platz.

Bemerkenswert: Airbnb belegt weltweit den 5. Platz unter den beliebtesten Online Buchungs Seiten.

In Bezug auf deutsche Domains kommt die Auswertung im Mai 2014 zu folgenden Besucherzahlen:

- Tripadvisor.de 4,2 Millionen
- Expedia.de 2,6 Millionen
- Trivago.de 2, 1 Millionen
- Airbnb.de 2 Millionen

Sicherlich werden Sie sich jetzt fragen, warum die Marken Tripadvisor und Airbnb nicht in der deutschen Statistik auftauchen. Die Antwort ist einfach. TripAdvisor ist eigentlich eine Touristikwebsite, die dem Nutzer individuelle Erfahrungsberichte bietet, um den Urlaub zu planen. Auf der Seite finden sich Berichte über 1,8 Millionen Geschäfte, 2,7 Million Restaurants, 950.000 Hotels, 700.000 Ferienwohnungen und 530.000 Sehenswürdigkeiten in 114.000 Reisezielen. Geboten werden Erfahrungsberichte und

Beurteilungen von Reisenden, Links zu Berichten aus Zeitungen, Zeitschriften und Reiseführern sowie Reiseforen. Das man dort auch seinen Urlaub buchen kann, hat sich anscheinend noch nicht herumgesprochen, obwohl die TripAdvisor, Inc. Reise-Webseiten unter 23 weiteren Markennamen betreibt. Tripadvisor ist übrigens 2011 ein Spin Off der Expedia Group gewesen.

Am Beispiel Airbnb zeigt sich hingegen ein neuer Ansatz in der Tourismusindustrie. Aus diesem Grund ist Airbnb auch nicht in dem deutschen Ranking zu finden. Airbnb wurde im August 2008 mit Sitz in San Francisco, Kalifornien gegründet und ist ein Marktplatz, auf dem Menschen Unterkünfte auf der ganzen Welt inserieren, entdecken und buchen können. Sei es eine Wohnung für eine Nacht, ein Schloss für eine Woche oder eine Villa für einen ganzen Monat - Airbnb führt Menschen in Reiseerlebnissen zusammen, in jeder Preisklasse und in über 34.000 Städten und 190 Ländern. Mit einer ständig wachsenden Zahl von Nutzern ist Airbnb der einfachste Weg, mit freien Wohnraum Geld zu verdienen und ihn Millionen von Menschen vorzustellen. Aus diesem Grund ist Airbnb auch nicht sonderlich beliebt in der Touristikindustrie. Im Grunde genommen ist Airbnb so eine Art Mitwohnzentrale, nur eben weltweit und besser gestaltet bzw. vermarktet.

Die Qualität der Online Reise-portale

Sie finden zahlreiche Test, Umfragen und Rankings die nahezu alle Portale umfassen. Getestet wurde meistens nach folgenden Kriterien, aber unter unterschiedlichen Sichtweisen (Experte/User):

Angebotsumfang

Hier muss unterscheiden werden ob es sich um ein Angebot eines reinen Reiseveranstalters oder um einen Reisevermittler handelt!

Benutzerfreundlichkeit

Bewertet werden grob gesagt der Internet Auftritt, die hoffentlich einfache und zielgerichtete Benutzerführung, die Transparenz bei der Buchungsabwicklung sowie Informationen zum Datenschutz

Preis-Leistungs-Verhältnis

Hier werden häufig exemplarische Musterbuchungen miteinander verglichen. Im Ergebnis gab es durchweg Unterschiede. Häufig werden die klassischen Reiseveranstalter Angebote miteinander verglichen. Entscheidend auch hier die Frage Reiseveranstalter oder Reisevermittler.

Kundendienst (Hotline & Service)
Klassiker unter den Umfrageergebnissen ist die Bewertung der Nutzerzufriedenheit hinsichtlich Service und Qualität. Hier stehen zum einen die Kundeninformationen, sowie die Wege und die Antwortzeit bzw., das Verhalten im Vordergrund.

Bemängelt wurden in den letzten Jahren häufig folgende Punkte:

- Kompetenz und Erreichbarkeit der Servicemitarbeiter
- Versteckte und nervige Voreinstellungen wie automatisch gesetzte Häkchen bei Reiseversicherungen. Die sind zwar offiziell verboten, aber manchmal werden solche Leistungen durch die Hintertür inkludiert!
- Reisekosten wie zusätzliche Steuern und Gebühren werden erst unmittelbar vor Abschluss der Buchung angezeigt, im schlimmsten Fall erst nach der Buchung.
- Intransparenz bei der Buchungsabwicklung
- nervige Auflistungen zum Anklicken ohne Verfügbarkeitsangabe
- unzureichende Suchoptionen

Diese Liste lässt sich vermutlich noch um Einiges verlängern, je nach Betrachtungsweise, Testverfahren und Auftraggeber. Lassen Sie sich nicht von den überall deutlich gezeigten Testergebnissen der Reiseanbieter verwirren.

Tipp

Sie finden überall Testberichte und die verschiedensten Meinungen zu dem XY Portal oder Veranstalter. Wirklich wichtig sind folgenden drei Angaben. Erstens muss bei Buchung einer Pauschalreise immer ein Reisesicherungsschein bzw. die Reisepreissicherung enthalten sein. Im Kapitel „Rechtliches" dazu mehr. Zweitens sollte das Buchungsportal über zertifizierte und verschlüsselte Zahlungsmöglichkeiten verfügen. Das ist äußerst wichtig falls die Direktbuchung einer Reiseleistung angeboten wird. Drittens sollte eine TÜV oder ähnliche anerkannte Zertifizierung vorhanden sein.

Der „Reiseleiter" Google und andere Suchmaschinen

Falls Sie gerade dachten, dass wir das Internet jetzt verlassen, weit gefehlt. Genau an dieser Stelle kommen wir zu einem ganz anderen Geschäftsmodell im Internet, die reine Suchmaschine. Ich möchte Sie jetzt nicht langweilen und über Metasuche, Ad Word Kampagnen, Search Engine Optimizing, Affiliate Marketing usw. schreiben, sondern will Ihnen zunächst Ihren neuen Reiseleiter vorstellen, die Suchmaschine Google.

Wenn jemand eine Reise plant, ist der erste Schritt meist die Suche im Internet. Die Suche erfolgt europaweit in über 90 Prozent der Fälle über Google. Anhand der Suchanfrage generiert Google eine Trefferliste die angezeigt wird. Diese ist nichts weiter als ein durch Google vorsortiertes, nach Relevanz gegliedertes Ranking. Im optimalsten Fall sind nur die Suchergebnisse enthalten, die am besten auf ihre Anfrage passen. Was niemand allerdings so recht weiß ist, wie die Ergebnisse genau entstehen. Erschwerend zeigen diverse Untersuchungen, dass rund 90 Prozent der Nutzer nur die Ergebnisse auf der ersten Seite weiter verfolgen. Unternehmen, die also nicht auf der ersten Seite der Trefferliste zu finden sind, werden kaum beachtet und leiden unter sinkenden Klickzahlen. Obendrein wird man auf die Angebote des Suchmaschinenriesen geleitet. Ein Beispiel sind die Suchergebnisse für Flugtickets. Der Service „Google Flight Search" wird aufgrund der Lage im attraktivsten Bereich am Anfang der Suchergebnisseite am häufigsten frequentiert. Dieser Bereich ist mit den sogenannten „Sponsored Links" hart umkämpft. Werbung dort zu platzieren, kostet sehr viel Geld, da die Suchergebnisse auf den hinteren Rängen kaum angesehen werden.

Gelingt es einem Reiseportals, einer Preisvergleichsseite oder einem sonstigen Anbieters seine Webseite konstant im oberen Bereich der Trefferlisten zu platzieren, ist mit sehr vielen Besuchern zu rechnen. Hat man es erst einmal geschafft, kann diese Freude allerdings von kurzer Dauer sein. Durch Updates seines Suchalgorithmus verändert Google die Kriterien für das Suchmaschinenranking. Dies bewirkt, dass Internetseiten ohne sichtbaren Grund im Ranking abrutschen und an Aufmerksamkeit verlieren. Eine neutrale Suche im Internet ist somit nicht möglich. Diese fehlende Transparenz des Monopolisten schadet Verbrauchern und Wettbewerbern massiv.

Google benachteiligt mit dieser Praxis andere Internetseiten, bevorzugt eigene Dienste und baut damit seine Marktmacht durch generierte Mehreinnahmen weiter aus. Als Internetnutzer bekommt man auf seinem Weg in den Urlaub davon nichts mit. Was Sie allerdings in Kürze auch in Deutschland erwartet, ist der neue Service von Google namens „Book on Google".

Das heißt nichts anders, als das Google anstatt wie bisher Anzeigen zu verkaufen, bzw. den Google Flight Search sowie seinen Hotelfinder in den Suchergebnissen integriert jetzt auch echte „ Buchungen" abwickeln will. Dazu hat Google das Tool „Instant Booking" kreiert und bietet gemeinsam mit Lufthansa bereits direkte Flugbuchungen in den USA an. Damit umgeht Google die GDS Anbieter und deren Gebühren. Dieses Verfahren ist auch für Hotels und deren Kapazitäten bereits auf dem Markt. Hotels können über ein Google Tool freie Betten direkt über Google anbieten und verkaufen. Auch damit umgeht Google die GDS! Zusätzlich zu diesem Dienst integriert Google Restaurants und das Anzeigen von Sehenswürdigkeiten an dem Zielort via Smartphone App.

Das Instant Booking Verfahren wird neuerdings auch von großen Reiseportalen angeboten. Tripadvisor bietet etwa mit Trip Connect -Sofortbuchung einen ähnlichen Service für Hotelbuchungen an. Mit nur einem Klick kann der Reisende sofort eine Übernachtung buchen. Für die Vermittlung erhält Trip Advisor erst dann eine Provision, wenn die Leistung auch tatsächlich beansprucht wurde.

Die Google Alternativen

An dieser Stelle möchte ich Sie nicht mit einer Auflistung aller Suchmaschinen im Internet und deren Funktionen, bzw. Vor- und Nachteilen langweilen. Deshalb möchte ich an dieser Stelle nur anhand einer unkommentierte Liste aufzeigen, was es noch für Möglichkeiten im Internet gibt, etwas zu finden. Besuchen Sie doch einfach mal folgende Suchmaschinen:

- Metager
- Metacrawler
- Meta-Spinner
- Bing
- Yahoo
- Ask
- Yandex
- Ixquick
- Wegtam
- DuckDuckgo
- YaCy
- Qwant

Sie werden überrascht sein wenn Sie z.B. einfach mal „Flugpreis" in die Suchmasken eingeben, wie unterschiedlich die Ergebnisse sind. An dieser Stelle sollte ich Sie noch auf den wesentlichen Unterschied aller Suchmaschinen zu Google aufmerksam machen. Sie teilen sich in Deutschland nur einen sehr kleinen Marktanteil und bieten vielfach nicht den Google Komfort. Dafür sind die Ergebnisse umso beeindruckender!

Das eigene Reisebüro

Bevor wir das Internet verlassen, möchte ich Sie noch auf eine Möglichkeit hinweisen entweder mit Reisen Geld zu verdienen, oder aber durch das Buchen im eigenen Reisebüro Reisekosten zu sparen. Sie haben übrigens richtig gelesen. Es gibt tatsächlich die Möglichkeit problemlos ein eigenes Reisebüro zu betreiben. Und so funktioniert es.

Das Reise-Partnerprogramm Netzwerk von Travelan.de bringt zunächst die Touristik-Veranstalter und Touristik-Partner zusammen, die ihre Produkte im Partnerprogramm Netzwerk anbieten und bewerben wollen. Falls Sie eine Webseite in irgendeiner Form betreiben, können Sie sich ein eigenes Reiseportal zusammenstellen und als „Buchungsstelle" Reisen vermitteln. Sie müssen nur eine Link, einen verlinkten Banner oder die Reisesuchmaske auf Ihrer Webseite integrieren und auf diese Möglichkeit aufmerksam machen. Das Besondere an diesem Affiliate Programm ist, das Sie zwischen unterschiedlichen Programmen wählen können. Qualifizierte Reise-Angebote und Meta-Preisvergleiche eröffnen sogenannten Partner-Websites vielseitige Möglichkeiten, Geld mit diesen Reisepartnerprogrammen zu verdienen, auch wenn Sie z.B. nur Ihre eigenen Reisen, bzw. stellvertretend die Ihrer Freunde und Bekannten über diesen mit Ihrer Partner ID versehen Link zu deren Webseiten buchen. Die Provisionen sind erstaunlich hoch und gestaffelt nach Umsatz und gewählten Partnerprogramm. Als Teilnehmer im semiprofessionellen Bereich, mit über 250.000 Euro Umsatz im Jahr, erhalten Sie laut deren Webseite folgende Vergütung:

Was kann ich effektiv verdienen?

Ein Kunde bucht auf Ihrer Website eine Pauschalreise plus Mietwagen und Reiseversicherung für 2 Pers.

Reisedaten:	Reisepreis
2 Erwachsene (7,5%)	1600,- €
+ Mietwagen (8%)	340,- €
+ Versicherung (20%)	89,- €
Reisepreis:	2029,- €

Sie verdienen mit dieser Reise ganze **165,00 €**!

Mehr Details zu deren Provisionstabellen finden Sie auf der Webseite von Travelan.de Das eigentlich spannende ist der Einblick über die mögliche Höhe der Provision und das sich daraus Rückschlüsse ziehen lassen über gezahlte Provisionen im Reisebüro. Spinnt man den Faden weiter, kommt man unweigerlich zu dem Schluss, dass Reisebüros natürlich zuerst versuchen die Angebote zu vermitteln, bei denen die Provisionsstaffel am Höchsten ist. Hand aufs Herz, wer würde das nicht versuchen?

Tipp

Es gibt natürlich nicht nur Travelan als Affiliate Programm für Ihre Webseite. Mit Werbung auf Ihrer Webseite, Ihrem Blog oder sogar auf Facebook und Twitter kann man sich schnell ein paar Euro verdienen. Hier mal ein paar große Partnerprogrammanbieter, die u.a. auch verschiedene Reiseportale usw. im Programm haben. Versuchen Sie Ihr Glück einmal bei Zanox.de, affili.net, adcell.de, belboon.de oder superclix.de.

Wie so etwas praktisch funktioniert, können Sie such auf meiner Webseite unter blackflagtravel.com anschauen.

Die Hitparade der Sparmythen bei der Reisebuchung

An dieser Stelle möchte ich Ihnen die Quintessenz der Sparvorschläge bei der Reisebuchung präsentieren. Dafür habe ich Tipps, Tricks, Ideen und Vorschläge aus dem Internet kumuliert. Inwieweit die Umsetzung sinnvoll ist, bzw. den Nachweis der Wahrheit spare ich mir. Beurteilen und testen Sie die Ideen und Vorschläge einfach mal selbst. Einige sind mit Sicherheit für Sparfüchse und Schnäppchenjäger ratsam, andere gehören eher in das Reich der Phantasie.

Der optimale Buchungszeitpunkt

Egal für welchen Zeitraum man bucht: Entscheidend ist auch der Buchungszeitpunkt. Der optimale Moment liegt – und das wurde sogar empirisch untersucht – rund acht Wochen vor dem Abflug.

Das finale Anklicken der Traumreise sollte nachmittags oder abends erfolgen.

Bei innerdeutschen und europäischen Verbindungen sollte man den Abflug am besten auf einen Freitag legen. Rückflüge sind aus allen Regionen immer montags besonders preiswert.

Gerade ein bis zwei Tage vor Reisebeginn ist die Bereitschaft zu Dumpingpreisen hoch.

Eine klare Überraschung ist der beste Zeitraum für einen Flug in die Karibik: Nur eine Woche vorher soll man buchen! Die Ticketpreise für die Karibik sind generell sehr hoch. Der preiswerteste Flugmonat Januar liegt mit 717 Euro gerade mal 190 Euro unter dem teuersten Flugmonat Juli.

Flugpreise ändern sich täglich. Einer Studie zufolge sind die Preise für Flüge innerhalb eines Landes an genau einem Tag am günstigsten: nämlich exakt 57 Tage vor Abflug. Bei internationalen Flügen sollten Sie demnach 171 Tage im Voraus buchen.

Dienstags sind die Preise am niedrigsten. Buchen Sie mindestens drei Wochen im Voraus. Frühbucher oder Last-Minute? Die goldene Mitte ist - wie so oft - genau richtig.

Die besten Spartipps

Nutzen Sie ist es reine Flugsuchmaschinen wie Swoodoo oder Skyscanner. Sie sparen die teuren Portalprovisionen.

Wer den Fluggesellschaften als Newsletter-Abonnent oder auf dem Kurznachrichtendienst Twitter folgt, der kann von speziellen Sonderangeboten profitieren – vorausgesetzt er reagiert blitzschnell.

Pauschalreisen sind oft bedeutend günstiger als individuelle Lösungen.

Die besten Angebote gibt es nach wie vor am Airport selbst. Also, nichts wie hin. Oder die gegenteilige Variante wählen: den Frühbucherrabatt.

Im Linienflugbereich gilt im Allgemeinen: Je näher der Reisetermin rückt und je voller die Maschine wird, desto höher steigt der Flugpreis der Linienflieger.

Legen Sie sich nicht auf ein Datum fest, wenn Sie es nicht müssen. Geben Sie die gewünschte Flugstrecke mit Ihrem Wunsch-Reisedatum ein und warten Sie das Ergebnis ab. Ändern Sie anschließend das Hinflug Datum +/- 1-2 Tage.

Preissuchmaschinen sind ein guter Ansatz, um sich eine Preisübersicht zu verschaffen, jedoch nicht um tatsächlich zu buchen. Der Grund: Preissuchmaschinen werfen das billigste Angebot der letzten bekannten Flugsuche aus, prüfen es jedoch nicht tatsächlich auf Verfügbarkeit. Onlinereisebüros hingegen prüfen die Verfügbarkeiten und Preise in Echtzeit.

Sinnvoller ist es, sich zwei (Online-)Reisebüros auszusuchen und die Angebote selbst dort zu vergleichen.

Längere Ticketgültigkeit, höherer Preis aber desto flexibler ist das Ticket hinsichtlich der Umbuchungskonditionen.

Oneway Tickets sind oftmals teurer als ein Return-Ticket.

Gabelflüge lassen sich nur bei wenigen Onlinereiseportalen buchen. Multistopp-Flüge sollte man lieber beim Reiseberater buchen, einzelne Oneway-Tickets kosten mehr. Airpässe und Round-The-World Tickets möglichst bei einem Flugspezialisten buchen

Schließen Sie zumindest die Reiserücktrittskostenversicherung ab, vor allem wenn der Reisetermin noch mehrere Wochen in der Zukunft liegt.

Wichtig ist es, sich frühzeitig zu informieren und die Entwicklung des Flugpreises zu beobachten. Kleine Kontingente zu Discountpreisen werden immer mal von einigen Airlines angeboten. Sind die aber verkauft, steigen die Preise wieder.

Der Preis ist nur eine Komponente der Reise. Erst der Leistungsumfang macht aus einem Frühbucherangebot ein Schnäppchen. Ein auf den ersten Blick etwas teureres Angebot ist vielleicht all-inclusive oder beinhaltet ein Ausflugspaket.

Die Veranstalter haben verschiedene Staffeln von Frühbucherrabatten eingerichtet. Eine konkrete, für alle Veranstalter gültige Frist lässt sich daher schwer nennen.

„Earlybird", „XXL Bonus" oder „Super-Plus für Frühbucher" nennen Veranstalter ihre Rabatte. Die reinen Frühbuchertarife lassen sich häufig mit anderen Vergünstigungen wie Kinderfestpreisen oder Sparterminen kombinieren.

Jeder Airport hat seine individuellen Zuschläge, die sich auf den Flugpreis entsprechend auswirken.

Exotische Spartipps wie Error Fares, Mileage Run Deals und Fuel Dumping

Ein Flugticketpreis besteht aus vielen einzelnen Preiskomponenten, wie zum Beispiel der reine Flugpreis, Steuern, Treibstoff- u. Flughafenzuschläge, Sicherheitszuschläge etc.. Durch die Fehler bei einer „Error Fare" wird nun zum Beispiel der Kerosinzuschlag, diverse Steuern, der Flugpreis oder andere Gebühren vergessen, falsch berechnet, gelöscht oder auch gar nicht verrechnet. Und genau diese Fehler muss man ausnützen um extrem billige Flüge zu buchen. Diese Fehlertarife findet man für weltweite Destinationen, bei immer wieder verschiedenen Airlines. Error Fares sind meist nur sehr kurz verfügbar, also buchbar – bis der Fehler von der Airline, oder dem Systembetreiber entdeckt wird. Im schlechtesten Fall werden Tickets die auf Error Fares basieren auch wieder storniert. Die Erfahrung hat aber gezeigt, dass eine Stornierung nur sehr selten durchgeführt wird.

Was man NICHT machen sollte: Bei der Airline anrufen und buchen oder nachfragen, wenn das Ticket nicht gleich online ausgestellt wird. Damit verrät man den Fehler und verliert ggf. auch die Chance auf den Billigflug. Mit weiteren, folgenden Buchungen für Hotels, Mietwagen u.ä. sollte man auf jeden Fall nach der Flugbuchung noch etwas warten, bis der Flug bestätigt wurde und das Ticket ausgestellt ist.

Highlight

Sie finden auf der Webseite von Travel-cheaper.de einen sehr guten Guide über die Themen Error Fares, Fuel Dump, Mileage Run und ähnliche Möglichkeiten ein wirkliches Flugschnäppchen zu buchen, bzw. um Geld bei der gesamten Urlaubsbuchung zu sparen. Für ganz hartgesottene Sparfüchse empfehle ich allerdings die Webseite vielfliegertreff.de. Wer sich ein wenig in die Forumsarbeit einbringt, wird mit sehr guten Tipps belohnt und kann eine Community um Rat bitten die von „Vielfliegern" und „Professionales" nur so wimmelt.

Einen Tipp möchte ich Ihnen an dieser Stelle noch geben. Wenn Sie Ihre Reise bereits gebucht haben, und Sie finden fast genau dieselbe Reise zu einem späteren Zeitpunkt wesentlich günstiger, fragen Sie nach einer Umbuchungsmöglichkeiten und oder rechnen Sie nach, ob es sich lohnt zu stornieren und neu zu buchen! Möglicherweise kann die Reiserücktrittsversicherung auch aktiviert werden!

Der Reisevertrag

Auch wenn das Thema Vertragsrecht relativ trocken ist, möchte ich Ihnen zunächst den Reisevertrag ein wenig genauer vorstellen.

Grundsätzlich wird ein Reisevertrag immer zwischen Kunde und Reiseveranstalter abgeschlossen. Dabei kann es sich um eine Pauschalreise oder um eine Bausteinreise handeln.

Ein Reisevertrag kommt rechtskräftig zustande, wenn der Reiseveranstalter den sogenannten Antrag vom

Kunden annimmt. Sicherlich werden Sie sich jetzt fragen, warum Reisen beantragt werden. Die Erklärung ist ganz einfach. Ein Reisekatalog stellt im Reiserecht eine „Einladung einen Antrag zu stellen" dar. Das heißt, Sie suchen sich ein passendes Angebot aus dem Katalog aus und beantragen beim Reiseveranstalter, diese Reise buchen zu wollen.

Somit stellen Sie tatsächlich einen Antrag an den Reiseveranstalter. Wichtig zu wissen ist, dass Sie solange an dem Antrag gebunden sind, bis es zur Annahme dieses Antrags vonseiten des Reiseveranstalters kommt. Im Klartext bedeutet das für Sie, wenn Sie einmal einen Antrag mittels Telefonat, E-Mail, Internetbuchung oder Buchungsauftrag in einem Reisebüro abgegeben haben, müssen Sie auf Antwort (Annahme oder Ablehnung) vom Reiseveranstalter warten.

Wollen Sie vor Erhalt der Annahmebestätigung oder Ablehnung des Reiseveranstalters eine andere Reise buchen, können Sie nicht von Ihrem Antrag zurücktreten, ohne die dem Angebot zugrunde liegenden Auflösungsbestimmungen des Reiseveranstalters einzuhalten (siehe auch: Stornogebühr). Sie müssen auf jedem Fall die angegebene Wartefrist des Reiseveranstalters beachten!

Die rechtskräftige Annahme des Antrags, also der tatsächliche Abschluss einen Reisevertrags kann erfolgen durch:

- die Zusendung einer E-Mail-Bestätigung
- die Aushändigung einer Buchungsbestätigung des Reisevermittlers mit einer Vorgangsnummer, unter der im Reservierungssystem des Reiseveranstalters diese Buchung erfasst wurde
- die Zusendung einer Bestätigung direkt vom Reiseveranstalter
- bei telefonischer Buchung direkt beim Reiseveranstalter oder einem Erfüllungsgehilfen, z. B. einem Reisebüro mit Handelsvertreterstatus.

Es bedarf also nicht, wie oftmals angenommen, einer Unterschrift oder Anzahlung vonseiten des Buchenden.

Der Inhalt des Reisevertrags

Die Rechte und Pflichten, bzw. die Definition werden im BGB §§ 651 a – m erklärt. Der Vertragstyp umfasst mindestens zwei wichtige touristische Reiseleistungen (Reise-Hauptleistungen) in einem Angebot.

Liegt nur eine wesentliche Leistung vor - z.B. Hotelaufenthalt (auch inklusiver Verpflegung), so findet das Reiserecht keine direkte Anwendung. Die Angelegenheiten werden meist nach dem jeweils anzuwendenden Vertragstyp (Mietvertrag, Dienstvertrag, Werkvertrag und andere) des BGB behandelt. Die Leistungen sind auch nur touristisch, wenn Sie der Freizeitgestaltung dienen. Auf diese Weise sind z.B. Geschäftsreisen und medizinische Rehabilitationsmaßnahmen vom Reisevertrag ausgenommen.

Der Reisevertrag hält alle wesentlichen Merkmale der Reise und Bedingungen des Reiseveranstalters fest. Folgende Angaben muss der Reisevertag enthalten:

- Datum des Abschlusses des Reisevertrags
- den vollen Firmenwortlaut des Reiseveranstalters sowie den Firmensitz
- Name und Anschrift des Buchenden und der Mitreisenden
- Reisezeit, -ziel und -dauer
- Art des Transportmittels
- Bei Flugreisen: die voraussichtlichen Flugzeiten
- Name und Art der Unterbringung und Verpflegung
- Reisepreis und Zahlungsbedingungen
- Kundenwünsche

- Grundlage(n) des Reisevertrags: Ausschreibungsunterlage, allgemeine Reisebedingungen
- Hinweis auf Einreise- und Impfvorschriften
- Hinweis auf die Mängelrügepflicht des Kunden
- Grundlagen einer möglichen Preisänderung
- Felder für drei Unterschriften, d.h. ein Feld zum Einverständnis an sich, eines für die Erklärung für die mitgebuchten Personen und eins für die EDV bedingte Datenweitergabe und Verarbeitung.

Nicht vergessen werden sollte auch der Sicherungsschein. Der Sicherungsschein muss an Sie ausgegeben werden, bevor ein Reiseveranstalter Zahlungen auf den Reisepreis von Ihnen annehmen darf.

Reiserücktritt und Reiseversicherungen bei der Reisebuchung

An dieser Stelle möchte ich Sie zunächst eindringlich warnen. Im Gegensatz etwa zu Haustürgeschäften gibt es bei der Buchung einer Reise normalerweise kein Rücktrittsrecht. Sollten Sie die einmal gebuchte Reise nicht antreten wollen oder können, fallen Stornokosten an. Die Höhe ist von mehreren Variablen abhängig. Grundsätzlich gilt, je näher der Reisezeitpunkt rückt, umso höher fallen die Stornokosten aus. Der einmal geschlossene Vertrag mit dem Veranstalter gilt. Aus diesem Grund regeln die meisten Reiseveranstalter die Höhe der Stornokosten in ihren Allgemeinen Reisebedingungen (ARB), die der Kunde durch seine Unterschrift unter den Reisevertrag anerkennt.

Als Faustregel bei Pauschalreisen gilt: Der Veranstalter bewegt sich im Rahmen der üblichen Rechtsprechung, wenn er zwischen 20 Prozent (Stornierung 30 Tage vor Reisebeginn und früher) und 55 Prozent (6 Tage bis einen Tag vor Reisebeginn) vom ursprünglichen Preis als Entschädigung beansprucht. Abhängig von der Art der Pauschalreise können die Sätze aber auch höher ausfallen, zum Beispiel bei einer Kreuzfahrt.

Kann man Stornogebühren umgehen?

Zunächst einmal fallen bei Reisrücktritt aufgrund folgender Sachverhalte keine Stornokosten für den Reisenden an:

- wenn der Reiseveranstalter den Reisepreis um mehr als 5 % anhebt
- der Reiseveranstalter die Reise einseitig ändert, so dass ein Reisemangel vorliegen würde (z.B. das gewünschte Hotel ist schon belegt)
- der Reiseveranstalter irgendwie den Rücktritt des Reisenden veranlasst

Auch sind die Stornokosten nur bei einem "Rücktritt" zu zahlen. Es bestehen jedoch andere Möglichkeiten sich aus einem Vertrag zu lösen. Unterschieden wird zwischen Anfechtung und Kündigung.

Bei einer Anfechtung hat sich der Buchende in Bezug auf den Vertragsgegenstand geirrt. Falls keine Umbuchung auf die gewünschte Leistung möglich ist, kann er den Vertrag anfechten. In diesem Fall hat der Veranstalter einen Schadensersatzanspruch, der allerdings leicht die Höhe der Stornogebühren erreichen kann. Dieser Schadensersatzanspruch entfällt nur, wenn der Reisende bei der Buchung arglistig getäuscht wurde. In der Regel ist das aber schwer zu beweisen!

Das Recht der Kündigung hat der der Reisende nur dann, wenn erhebliche Reisemängel vorliegen und der Reisende vorher die Beseitigung verlangt hat, oder die Reise unzumutbar geworden ist. Erhebliche Mängel sind im Regelfall erst dann gegeben, wenn die Reise wegen der Mängel nur noch halb so viel wert wäre, also zu einer Minderung in Höhe von 50 % berechtigen würde. Ebenso kann es ein Kündigungsgrund sein, wenn der Sicherungsschein vor Reiseantritt nicht ausgehändigt wird.

Der Reiserücktritt wegen höherer Gewalt

In Katastrophenfällen wie der Tsunami in Südostasien oder den Terroranschlägen in den Urlaubsgebieten in Tunesien käme eine Kündigung des Reisevertrages wegen höherer Gewalt in Frage. Dies hätte zur Folge, dass Sie den Reisepreis nicht bezahlen müssten. Sollten Sie hinsichtlich Ihrer Sicherheit Bedenken haben, muss ich auf die Website des Auswärtigen Amtes verwiesen. Das Auswärtige Amt gibt regelmäßig Warnhinweise für besonders gefährliche Gebiete heraus. Taucht das Urlaubsziel in dieser Liste der Reisewarnungen auf, so bestehen gute Chancen, dass der Reiseveranstalter die Reisen wegen höherer Gewalt für den Reisenden kostenlos storniert oder sogar absagt.

Achtung!
Nur allgemeine Sicherheitshinweise berechtigen nicht zur Stornierung. Haben Sie selbst zuvor schon die Reise aus diesen Gründen gekündigt, müssen Sie die Stornokosten tragen.

Reiseverträge und das Widerrufsrecht!

Reiseverträge kennen kein 14 tägiges Widerrufsrecht!

Grundsätzlich ist ein Reisevertrag ausgeschlossen, so die gängige Rechtsprechung. Das liegt daran, dass der Gesetzgeber den Reiseveranstalter schützen wollte. Reisen und Flüge sind auf einen bestimmten Termin fixiert, und finden oftmals bereits kurz nach der Buchung statt. Hätte der Kunde nun ein 14tägiges

Widerrufsrecht, so müsste der Reiseveranstalter oder die Fluggesellschaft mit einer erheblichen Unsicherheit rechnen. Ein Recht auf Widerruf gibt es deshalb nicht.

Tipp
Das Recht auf Widerruf wird einem dennoch bei einigen Veranstaltern eingeräumt. Einige kleinere Spezialveranstalter werben sogar damit! Ein Blick in das Kleingedruckte hilft im Zweifelsfall. Falls Sie Ihren Urlaub über den Reiseveranstalter (z.B. Neckermann) finanzieren, können Sie von dem Recht auf Widerruf Gebrauch machen, da die Finanzierung nicht unter das Reiserecht fällt und ohne Finanzierung auch kein Reisevertrag zustande kommt!

Andere rechtliche Möglichkeiten eine ungewollte Online-Reisebuchung zu stornieren?

Grundsätzlich sollte man im Falle der ungewollten Buchung immer das Recht auf Umbuchung oder Übertragung im Hinterkopf behalten, da in der Regel bereits ein Reisevertrag zustande gekommen ist, wenn einem klar geworden ist, dass man einen Fehler gemacht hat. Hoffen auf Kulanz, bzw. auf eine tatsächliche kostenlose Stornierung kann man allerdings in bestimmten Fällen trotzdem. Bestreiten Sie den Vertragsschluss, wenn für Sie überhaupt nicht erkennbar ist, dass bereits ein Reisevertrag abgeschlossen wurde. Ohne einen wirksam abgeschlossenen Vertrag kann niemand von Ihnen eine Zahlung verlangen. Wurden Sie in eine Reisevertragsfalle gelockt, beispielsweise weil Sie nicht ausreichend auf die verbindliche Buchung hingewiesen wurden, so können Sie gegenüber dem Reiseportal bestreiten, dass überhaupt ein wirksamer Vertrag abgeschlossen wurde. Das ist für Sie als Kunde das wichtigste Rechtsmittel. Fordern Sie das Internet-Reiseportal bzw. den Reiseveranstalter auf, den angeblichen Vertragsschluss über die Reise, den Flug, die Pauschalreise oder den Urlaub nachzuweisen. Handelt es sich um eine übereilte und ungewollte Buchung im Internet, kann der Reiseveranstalter den Vertragsabschluss in aller Regel nicht nachweisen. Haben Sie den Reiseveranstalter aufgefordert, den Vertrag nachzuweisen, und kann er das nicht, so sind Sie abschließend zu keiner Zahlung verpflichtet, da kein gültiger Vertrag vorliegt. Nicht Sie als Kunde müssen den Vertragsabschluss beweisen, sondern der Veranstalter.

Sollten sich herausstellen das der Anbieter eine absichtliche Irreführung über die Verbindlichkeit einer Reisebuchung vorgenommen hat, z.B. in dem die Webseite entsprechend gestaltet ist, dann können und müssen Sie den angeblichen Reisevertrag wegen Täuschung anfechten! Die Anfechtung wegen Täuschung beseitigt den Vertrag von Anfang an und stellt Sie so, als ob Sie nie einen Reisevertrag abgeschlossen haben.

Eine besondere Herausforderung ist die Anfechtung wegen Irrtum. Dies kann z.B. der Fall bei einer Doppelbuchung sein, d.h. Sie haben aus Versehen zweimal den Buchungsbutton angeklickt. Ein anderer Fall wäre die Wahl der falschen Urlaubsdestination. Es gibt z.B. zwei Städte namens San Jose, oder sie haben irgendwo etwas überlesen und buchen doch das falsche Hotel oder den falschen Reisezeitraum. Falls Ihnen so etwas passiert, müssen Sie gegenüber dem Portalbetreiber bzw. Vermittler sehr präzise argumentieren und erklären wie und was passiert ist. Sie müssen plausibel belegen, dass Sie die Reise so nie gebucht hätten. Sollte der Reiseveranstalter die Anfechtung anerkennen, darf er Schadensersatz in angemessener Höhe fordern, die Buchung ist aber dann nichtig. Zögern Sie nicht einen Fachanwalt einzuschalten falls es zu Problemen kommt, bzw. die Höhe des Schadenersatzes Ihnen nicht angemessen vorkommt.

Rücktrittspauschale versus Umbuchungspauschale

Trotz bereits bestehender, fest gebuchter Reise, kann manchmal der Fall eintreten, dass man etwas umbuchen, bzw. verändern möchte. Grundsätzlich sind die Reiseveranstalter verpflichtet, Änderungswünschen des Reisenden nachzukommen, wenn diese keine erhöhten Schwierigkeiten oder Kosten verursachen. Das bedeutet jedoch nicht, dass die Änderung keine Kosten verursacht.

Achtung!
Die Annahme im Kleingedruckten in manchen Reisebedingungen, dass ein Reisender bei jeder Änderung seine Reise storniert und dementsprechend neu bucht, ist unzulässig!

Bei einer reinen Umbuchung muss der Reisende nur die Bearbeitungskosten und die Differenz zum ursprünglichen Reisepreis zahlen. Allerdings ist nicht jeder Änderungswunsch eine Umbuchung. Von einer Umbuchung spricht man, wenn eine Änderung von Reisetermin, Reiseziel, Ort des Reiseantritts, der Unterkunft oder Beförderungsart vorgenommen wird.

Eine Stornierung hingegen liegt vor, wenn ein Teil der Leistung komplett gestrichen wird oder der z.b. der Reisezeitraum in einen Zeitraum verlegt wird, zu dem die Reise noch nicht ausgeschrieben ist. Im Zweifelsfall müssen Sie die Reise stornieren und die Reiserücktrittsversicherung aktivieren, falls Ihr Änderungswunsch auf eine Stornierung hinausläuft. Falls Sie nur einen Flug umbuchen oder stornieren möchten, spielt die Art der Reise die entscheidende Rolle. Die Regelungen für Linien-, Charter- oder Billigflug fallen sehr unterschiedlich aus. Lesen Sie in Ihren Reiseunterlagen nach oder erkundigen Sie sich direkt bei Ihrer Fluglinie, welche Möglichkeiten Sie für eine Stornierung oder Umbuchung haben.

Die Reiserücktrittsversicherung

Eine Reiserücktrittsversicherung sollte eigentlich Pflicht sein, wenn Sie sich vor bösen Überraschungen schützen wollen. Gründe, warum eine geplante und gebuchte Reise plötzlich nicht mehr durchführbar ist, kann es viele geben, eine Stornierung kann für Sie sehr kostspielig sein, zumal noch die Aufwendungen für den bereits bestellten Mietwagen, gebuchte Tauchkurse, Skipässe usw. dazu kommen können. Daher sollten Sie nie auf eine Reiserücktrittsversicherung verzichten. Bevor Sie die Reiserücktrittsversicherung allerdings abschließen sollten Sie Folgendes beachten:

- Buchungsportale und Websites von Fluglinien sind der falsche Weg, um eine Reiserücktrittsversicherung abzuschließen. Die Preise sind dort überhöht. Die Reiseversicherung kann unabhängig abgeschlossen werden. Dabei ist es ganz egal ob die komplette Reise inkl. Unterkunft oder beispielsweise nur der Flug versichert wird
- Reiserücktrittsversicherungen lohnen sich nur bei teuren oder weit im Voraus gebuchten Reisen, für Personen mit erhöhtem Stornorisiko wie ältere Menschen und Familien mit Kleinkindern.
- Schließen Sie nur eine Versicherung ab, die auch den Reiseabbruch mit abdeckt.
- Wenn Sie jährlich mehrmals verreisen, ist ein Jahresvertrag günstiger als die einzelne Versicherung jeder Reise.
- Ein Versicherungsabschluss ist bis 30 Tage vor dem Urlaubsbeginn möglich
- Bei Abschluss einer Reiserücktrittsversicherung unbedingt die Preise vergleichen und das Angebot des Reiseveranstalters nicht blind akzeptieren! Im Zweifelsfall die genauen Versicherungsbedingungen vergleichen.

Eine Reiserücktrittsversicherung ersetzt Ihnen die Stornokosten, wenn Sie Ihren Urlaub vor der Abreise absagen müssen. In aller Regel greift eine Reiserücktrittsversicherung wenn folgende Umstände zugrunde liegen:

- nicht vorhersehbare schwere Krankheit
- Todesfall in der Familie
- Impfunverträglichkeit oder defekte Prothese
- schwerer Unfall oder Opfer einer schweren Straftat
- Komplikationen bei Schwangerschaft
- schwerer Vermögensschaden (z. B. Haus abgebrannt)
- Vorladung vor Gericht als Zeuge
- verpasster Flieger, wenn öffentliche Verkehrsmittel mindestens 2 Stunden verspätet am Flughafen eintreffen
- unerwarteter Verlust des Arbeitsplatzes

Diese Gründe sind nur in manchen Tarifen versichert:

- unerwartetes Angebot einer neuen Stelle
- Wiederholung einer Prüfung in Schule oder Uni

Achtung!
Die Versicherung zahlt nicht bei höherer Gewalt wie Bürgerkriegen oder Streiks. In diesen Fällen sollten Sie sich an Ihren Reiseveranstalter wenden. Das gilt insbesondere, wenn das Auswärtige Amt eine Reisewarnung für Ihr Reiseziel ausspricht. Außerdem, sind einige der Gründe nicht eindeutig definiert. So ist es oft Auslegungssache, ob eine Krankheit schwer ist und nicht vorhersehbar war

Zusätzlich zur Reiserücktrittsversicherung sollten Sie, sofern dies nicht mitversichert, ist eine sogenannte Reiseabbruchsversicherung abschließen. Die Reiseabbruchversicherung erstattet die zusätzlichen Rückreisekosten, die durch eine vorzeitige oder verspätete Rückreise aufgrund von Krankheit, Todesfall usw. der Reisenden oder der in Deutschland verbliebenen Familienangehörigen entstehen. Außerdem werden unter diesen Voraussetzungen auch die anteiligen Kosten für gebuchte und nicht in Anspruch genommene Leistungen erstattet, sofern diese innerhalb der vereinbarten Versicherungssumme berücksichtigt sind. Umgekehrt zahlt diese Versicherung bei zusätzlichen Kosten bei witterungsbedingten Flugausfällen etc.

Schlussendlich noch eine dringende Warnung. Suchen Sie bei rechtlichen Problemen immer den Rat und die Hilfe eines Experten! Es gibt Anwaltskanzleien die sich auf das Reiserecht spezialisiert haben. Nur diese Spezialisten verfolgen die aktuelle Rechtsprechung im Reiserecht.

Zum Thema Versicherungen möchte ich an dieser Stelle noch einen letzten Satz hinzufügen.

Vergessen Sie niemals, sich um eine Reisekrankenversicherung zu kümmern!

Die Welt jenseits des Pauschaltourismus – Urlaubsalternativen und neue Ideen!

Falls Sie mal keinen Pauschalurlaub buchen möchten, habe ich hier mal eine Ideensammlung zum Thema Urlaubsalternativen zusammengetragen. Sicherlich haben Sie schon von dem mitreisen auf Frachtschiffen gehört und kennen das „Mitwohnportal" AIRBNB. Aber es gibt noch zahlreiche andere Ideen wie Sie Ihren Urlaub gestalten können.

Work & Travel

Hier möchte ich Ihnen eine Reihe von bekannten Organisationen und Unternehmen vorstellen, die die Möglichkeit anbieten, im Gegenzug zur aktiven Mitarbeit, meist freie Kost und Logis zu erhalten.

Es muss ja nicht immer gleich eine Weltreise oder das berühmte Selbsterfahrungsjahr für junge Leute im Ausland sein. Auch für zwei oder drei Wochen gibt es spannende Angebote.

WWOOF

Eine wirklich bekannte Organisation ist WORLD-WIDE OPPORTUNITIES ON ORGANIC FARMS- kurz WWOOF.

WWOOF ist ein weltweites Netzwerk, das von der Idee getragen wird Menschen zusammenzubringen, die einen naturverbundenen Lebensstil auf dem Land führen – oder aktiv kennen lernen wollen.

Um herauszufinden, was es bedeutet seine eigenen Lebensmittel herzustellen, als kleinbäuerlicher Betrieb von der Landwirtschaft zu leben oder Wege in die Selbstversorgung auf dem Land auszuprobieren, helfen WWOOFer/innen freiwillig auf ökologisch bewirtschafteten Höfen und werden dort in die Hofgemeinschaft/ Familie integriert.

Dabei ermöglicht WWOOF:

- Einblick in die von Kleinbauern und Selbstversorgern getragene ökologische Landwirtschaft
- Wissens- und Erfahrungsaustausch über ökologischen Land- und Gartenbau, artgerechte Tierhaltung und Selbstversorgung auf dem Land
- eine Brücke zwischen Produzent/innen und Konsument/innen

Unter wwoof.net finden Sie weltweit sämtliche Angebote. Es gibt in über 100 Ländern regionale Vereine und es gibt eine Liste mit weltweit angeschlossenen Einzelhöfen in Ländern, in denen kein eigenständiger Verein existiert.

Um die vielen WWOOF Organisationen zu klammern, existiert der Dachverband Federation of WWOOF Organisations (FoWO).

BUNAC

BUNAC entstand aus der Non Profit Organisation "British Universitys North America Club" und hat ursprünglich für deren Mitglieder Work & Travel Programme angeboten.

Heute ist BUNAC ein Unternehmen das gegen Geld zahlreiche Work & Travel Programme anbietet. Zielgruppe sind nicht nur Studenten, sondern auch Berufstätige und Leute die einfach mal etwas anders machen wollen. Sie finden auf deren Webseite Programme für zahlreiche Länder. Bei Buchung werden Sie Vorort von den regionalen Büros unterstützt. Außerdem werden zahlreiche zentrale Dienstleistungen rund um das Programm geboten.

Auf der Webseite bunac.org finden Sie (leider nur auf Englisch) die Angebote des Unternehmens. Das Unternehmen bietet sowohl Programme für langfristige Aufenthalte in anderen Ländern, als auch für kurzfristige Aufenthalte. Sie können z.B. für 5-12 Wochen in Südafrika als Sportcoach arbeiten, oder zwischen 18 und 32 Tage in Safaricamps mitarbeiten. Selbstverständlich vermittelt das Unternehmen auch längere Arbeitsaufenthalte in verschiedenen Ländern. Schwerpunkt sind allerdings touristische Jobs wie Kellner, Gästebetreuer, Skilehrer etc. in verschiedenen Ressorts und Hotels.

Workamping

Gegen Mitarbeit erhalten Sie auf Campingplätzen die Möglichkeit kostenlos entweder mit Ihrem Camper zu stehen, oder Sie erhalten einen Wohnwagen als Unterkunft. Allerdings bietet Workamping noch zahlreiche Saisonjobs an und ist eine interessante Idee um einen längeren Aufenthalt zu finanzieren. Für einen kurzen Urlaub ist das Programm eher nicht geeignet, aber schauen Sie selber. Die Angebote finden Sie unter workamping.com. Insbesondere Amerikaner nutzen dieses Angebot. Das Besondere ist aber, dass die Webseite umfangreichen Service und Hilfsangebote anbietet. Die eigentlichen Verträge kommen mit den Jobanbietern zustande und sind äußerst differenziert.

HelpX

HelpX ist eine Plattform die international Jobs gegen Unterkunft und Logis vermittelt. Ziel ist der interkulturelle Austausch, d.h. die Angebote sind meistens auch eher unkonventionell. Sie haben Die Möglichkeit zwischen lang- und kurzfristigen zu wählen. Hier mal ein paar Beispiele:

Babysitten, Haus- und Gartenarbeit
Mitarbeit bei Renovierung
Erntehelfer
Küchenhilfe
Reitlehrer
Farmarbeiten

Sie wohnen immer bei Privatpersonen, haben also Familienanschluss. Viele Angebote sind flexibel. Aber schauen Sie selbst auf die Webseite unter helpx.net

Workaway

Ähnlich wie HelpX, nur professioneller. Workaway stellt eine Liste von Gastgebern weltweit (Familien, Alleinstehende, Unternehmen etc.) zur Verfügung, die sich bei registriert haben, um freiwillige Helfer für alle möglichen Bereiche zu finden. Garten- und Landarbeit, Tierpflege, Hilfe im Haushalt, Einkaufen und Kochen, Bau- und Reparaturarbeiten oder Kinderbetreuung sind nur einige Beispiele. Mehr finden Sie auf der Webseite unter workaway.info.

Housesitting

In einer Luxusvilla wohnen und keinen Cent dafür zahlen? Werden Sie einfach Housesitter und kümmern sich um Häuser oder Wohnungen, deren Eigentümer gerade verreist sind. Dafür registriert man sich zum Beispiel bei „House Carers" oder „Mind my House" und kann sich dort auf entsprechende Gesuche bewerben oder sich selbst als Housesitter anbieten. Im Gegenzug müssen Sie Tiere versorgen, Blumen gießen und anfallende Arbeiten erledigen. Als Housesitter müssen Sie sich auf allen Plattformen bewerben und gewisse Bedingungen erfüllen. In Deutschland gibt es sogar einen Dachverband unter haushueter.org. Angeschlossen sind Agenturen die diese Dienste professionell anbieten.

Sonstige

Die Liste der Anbieter derartiger Services ist recht lang. Auf der Webseite rausvonzuhaus.de finden sie lange Listen und Hinweise darauf, was es alles an Möglichkeiten gibt.

An dieser Stelle noch einmal der Hinweis. Wer lange unterwegs sein möchte, als Student ein Jahr Auslandsaufenthalt plant, als Au-pair arbeiten möchte, sich in der Entwicklungshilfe engagieren möchte etc., sollte sich zusätzliche Angebote im Internet suchen. Ich wollte Ihnen nur ein paar Möglichkeiten für kurze Aufenthalte aufzeigen.

Übernachtungen und Privatzimmer

Wenn Sie im Urlaub nicht arbeiten möchten, aber trotzdem eine Alternative zu den Hotels, Ressorts, B&B, Apartments etc. suchen, dann kann Ihnen geholfen werden. Sie sparen nicht nur Geld, meistens lernen Sie dabei Land und Leute besser kennen und erleben sicherlich noch echtes Urlaubsfeeling bei einigen Übernachtungsmöglichkeiten.

Hospitality Club

Was ist der Hospitality Club? Ziel ist es, Menschen zusammenzubringen Gastgeber und Gäste, Reisende und "Einheimische". Mitglieder des Hospitality Clubs rund um die Welt helfen sich gegenseitig, wenn sie verreisen - sei es mit einem Dach für die Nacht oder einer Tour durch die Stadt. Mitglied zu werden ist kostenlos und jeder ist willkommen. Nach der Registrierung und Aufnahme kann man als Mitglied die Profile aller anderen Mitglieder im Internet ansehen. Der Club wird von Freiwilligen getragen, die eine Idee vereint: indem wir Reisende in Kontakt mit "Einheimischen" bringen, und diesen eine Gelegenheit geben, Menschen aus anderen Kulturen kennenzulernen. Es gibt keine Verpflichtungen, die Mitgliedschaft ist kostenlos. Die Deutsche Webseite ist unter hospitalityclub.org/indexdeu.htm zu erreichen. Wer sich registriert, akzeptiert Regeln, die für das Miteinander verbindlich sind.

Bewelcome

Das Konzept von BeWelcome ist ähnlich wie das vom Hospitality Club. Hier der Originaltext von der Webseite: Stell dir vor, du kommst gerade in einer Stadt wie Paris oder Mumbai an und anstatt nach einem Taxi zu suchen, ist dort jemand, der schon auf dich wartet. Stell dir vor, anstatt in die empfohlenen Restaurants der Reiseführer zu gehen, begleiten dich die Leute vor Ort und zeigen dir ihr Lieblingsrestaurant. Stell dir vor bei deinem neuen Freund zu Gast zu sein, anstatt in einem unpersönlichen Hotel zu übernachten. BeWelcome macht's möglich. BeWelcome ist gemeinnützig, open source, und wird in transparenter und demokratischer Weise ausschließlich von Mitgliedern betrieben. Hier die Webseite auf Deutsch bewelcome.org

Couchsurfer

Den Kern des Angebotes bildet der Austausch von Gastfreundschaft. Ein Mitglied kann nach Belieben einen Schlafplatz anbieten– dies ist nicht zwingend erforderlich, doch wird natürlich jeder Registrierte dazu ermutigt; ein Reisender kann als Gast *(Surfer)* eine Unterkunft suchen oder erfragen.

Beherbergungen beruhen auf Absprachen zwischen den Beteiligten. Dauer, Art und Beendigungen des Aufenthaltes werden in der Regel im Vorhinein vereinbart. Es ist untersagt, für die vermittelten Übernachtungen Geld zu verlangen oder zu bezahlen, da dies dem Couch Surfing-Prinzip widerspricht. Mit mehreren Möglichkeiten soll Sicherheit und Vertrauen sichergestellt werden. In den Nutzerprofilen für potenzielle Gastgeber und Gäste werden die folgenden Merkmale angezeigt:

- Persönliche Referenzen, die Gäste und Gastgeber über den jeweils anderen hinterlassen können, nachdem sie den Dienst in Anspruch genommen haben.

- Die kostenpflichtige Identitätsprüfung per Kreditkarte & Telefonnummer

Mehr Infos finden Sie unter couchsurfing.com.

Falls Ihnen das alles zu viel Nähe ist, empfehle ich Ihnen folgende Plattformen um private Zimmer weltweit zu mieten

- airbnb.de,
- 9flats.de
- wimdu.com.

Sicherlich sind das noch längst nicht alle Möglichkeiten Zimmer oder Unterkunft von Privat zu mieten, aber es sind zumindest die bekanntesten.

Urlaub ersteigern, Blind Booking und Glückshotels

Natürlich können Sie Ihren Urlaub auch mit einem gewissen „Kick" buchen. Dafür müssen Sie sich allerdings auf gewisse Spielregeln einlassen. Ob das am Ende immer echte Urlaubsschnäppchen und Highlights werden, ist zudem fraglich. Auf jeden Fall können Sie aber mit ein bisschen Glück einen sehr preiswerten Urlaub erstehen. Allerdings ist Spontanität und Flexibilität gefragt.

Urlaub ersteigern

Sie haben immer noch kein Urlaubsschnäppchen gefunden? Dann schauen Sie mal bei E-Bay vorbei und ersteigern Sie sich den nächsten Urlaub. Das Angebot ist zwar nicht besonders groß, aber mit etwas Glück finden Sie dort etwas. Professioneller geht es auf der Seite bietfieber.de zu. Melden Sie sich einfach dort an um bei der nächsten großen Reiseauktion dabei zu sein. Auch die Seite von gullivertravel.eu/de/ bietet derartige Möglichkeiten. Häufig bekommen Sie jedoch nur Gutscheine und ähnliches. Weiterer Anbieter ist topdeals.de. Fakt ist, dass alle großen Start Ups in Deutschland gescheitert sind mit der Idee Urlaub zu versteigern. Einzig in den Niederlanden hat sich mit vakantieveilingen.nl ein erfolgreicher Anbieter etabliert. Die bekannte deutsche Tochter aladoo.de hat sich 2014 vom deutschen Markt zurückgezogen.

Achtung!!
Wie bei allen Auktionen -Gekauft wie gesehen! Nepper, Schlepper und Bauernfänger! Es tummeln sich zahlreiche dubiose Anbieter auf dem Markt. Häufig werden Gutscheine versteigert, die das Geld nicht wert usw.
Ich rate generell momentan von vielen derartigen Angeboten ab!

Blind Booking für Flüge

Wer im Urlaub gerne spontan ist und sich überraschen lassen möchte, für den ist Blind Booking für Flüge ein guter Tipp. Bei diesem Angebot weiß man bis zum Ende nicht, an welchem Ort man landet. Vorher auswählen kann man den Abflughafen und das bevorzugte Reisethema – zur Auswahl stehen etwa Strand, Kultur oder Städtetrip. Über die Webseite Germanwings.de finden Sie das Angebot. Die Regeln sind einfach.

- Sie legen fest, wann und wo Sie zum attraktiven Festpreis abfliegen wollen.
- Unbeliebte Ziele können Sie gegen einen Aufpreis von 5 € pro Passagier und Ziel aus dem gewünschten Ziel-Pool ausschließen und so Ihren individuellen Reisewünschen anpassen.
- Direkt nach Abschluss der Buchung wird Ihnen dann Ihr Ziel genannt, so dass Sie sich auf Ihre Reise vorbereiten können.

Weitere Anbieter habe ich trotz Recherche nicht gefunden, allerdings bietet so gut wie jede Airline Schnäppchen aller Art an. Suchen und vergleichen lohnt.

Blind Booking für Hotels

Nicht nur Flüge lassen sich mit Blind Booking buchen, auch die Unterkunft kann dem Zufall überlassen werden. Als Anbieter steht dafür zum Beispiel das amerikanische Unternehmen Hotwire.com, ein Tochterunternehmen von Expedia zur Wahl. Einfach Zielort und den Zeitraum eingeben, Einschränkungen wie Tagespreislimit, Sterne oder Bewertung auswählen. Danach werden die verfügbaren Hotels samt Fotos angezeigt, die Grundausstattung beschrieben und mithilfe eines

Bewertungsvergleichs benotet. Wie genau die Unterkunft heißt und auf welcher Straße sie liegt, bekommt man aber erst nach der Buchung übermittelt. Auch die Webseite hrs.de bietet, bzw. hat anscheinend derartige Buchungsmöglichkeiten unter Surprice Hotels angeboten. Allerdings habe ich kein derartiges Angebot auf der Webseite von dem Portal gefunden. Anscheinend hat sich der Trend nicht durchgesetzt.

Glücksreise mit Hotelroulette

Grundsätzlich gilt: Wer eine derartige Glücksreise bucht, verzichtet nicht auf seine Rechte. Der Unterschied besteht lediglich darin, dass dem Reiseveranstalter das Recht eingeräumt wird, die Auswahl eines bestimmten Hotels in einem vorher vereinbarten Zielgebiet vorzunehmen. Wenn der Reisende also einen Reisemangel feststellt, sollte er unverzüglich die Reiseleitung informieren. Sind die Mängel gravierend, kann er wie jeder andere Reisende Schadenersatz oder eine Minderung des Reisepreises verlangen. Das Geheimnis des Hotel-Roulettes ist es, dem Veranstalter nur Destination und Kategorie der gewünschten Unterkunft vorzugeben und ihm die freie Wahl des Hotels zu überlassen. Es gibt solche Angebote für viele andere Ländern bzw. Destinationen wie Fuerteventura, Mallorca, Italien usw.

Insbesondere in touristischen Hochburgen wird das Bettenroulette angeboten. FTI ist einer der größten Anbieter dieser Buchungsform. Angebote finden Sie auf allen großen Urlaubsportalen.

Nachwort

Ich hoffe, dass ich Sie sich nicht zu sehr gelangweilt haben mit der Lektüre meines kleinen Ratgebers. Auch wenn einige Themen recht trocken sind, am Ende zählt das Ergebnis. Deshalb hoffe ich, dass ein paar von meinen Tipps und Anregungen auch wirklich nützlich und hilfreich sind für Sie, bei der nächsten Urlaubs- bzw. Reisebuchung.

Bewusst ausgeklammert habe ich die Themen Reisemängel und Gewährleistung, Katalogsprache, Langzeiturlaub, Weltreise und Reisen ohne Geld bzw. Backpackerreisen. Ziel war es, Ihnen das Prinzip der Reisebuchung verständlich zu erklären und Ihnen die damit verbundenen Möglichkeiten aufzuzeigen, ebenso die damit einhergehenden Risiken und rechtlichen Probleme.

Sollte Ihnen mein Buch gefallen haben, würde ich mich über eine Weiterempfehlung, bzw. über eine Rezension freuen.

Einen schönen Urlaub wünscht Ihnen Ihr Autor
Thomas Biehlig.

Schlagwortverzeichnis

Couch Surfing · 98

A

Affiliate Programm · 64
Airbnb · 54
Airportshuttle · 49
Amadeus Group · 42
Anfechtung · 78
Annahmebestätigung · 73
Auslastungsrisiken · 22

B

Bausteinlieferant · 30
Bausteinreise · 72
BeWelcome · 97
BGB §§ 651 a – m · 74
Blind Booking · 101
Buchungsportale · 52
Buchungsstellen · 14
Buchungszeitpunkt · 65
BUNAC · 92
Business Travel
    Management · 33

C

Consolidatoren · 19

D

Datenschutz · 55
Dynamic Bundling · 38

E

Erfüllungsgehilfen · 74
Error Fare · 69
Expedia · 53

F

Fluggruppenreisen · 20
Flugsuchmaschinen · 66
Flugticketpreis · 69
Flugvariationen · 49
Fuel Dump · 71

G

Gabelflüge · 20
Global Distribution
    Network (GDN) · 32

Global Reservation System (GRS) · 33
Globale Distributionssysteme · 32
Glücksreise · 103
Google · 58

M

Mileage Run · 71
Mix u. Travel · 12

O

Online Buchungsseite · 52

H

Haustürgeschäften · 77
HelpX · 94
Hospitality Club · 96
Hotel-Roulettes · 103
Housesitter · 95

P

Pauschalreise · 72
Preissuchmaschinen · 67
Privatzimmer · 96

I

Incoming Agentur · 17
Instant Booking Verfahren · 60
Irreführung · 83
IT-Dienstleistungen · 32

R

Reise Apps · 47
Reiseabbruchsversicherung · 88
Reiseauktion · 100
Reisebüro · 13
Reise-Hauptleistungen · 74
Reisekrankenversicherung · 89
Reiseleiter · 58
Reisemängel · 105
Reiseprospekt · 24
Reiserecht · 89
Reiserücktrittskostenversicherung · 68
Reiseveranstalter · 10
Reisevermittler · 13
Reisevertrag · 72

K

Katalogtourismus · 26
Kündigung · 78

L

Linienfluggesellschaften · 38

Reisevertragsfalle · 82
Reisewarnung · 28
Reservierungszentralen · 38
Round-The-World Tickets ·
  68
Rücktrittsrecht · 77

S

Sabre · 43
Schadensersatzanspruch ·
  78
Sicherungsschein · 76
Sitzplatzverfügbarkeit · 47
Sparvorschläge · 65
Spezialreisebüros · 17
Stopp Over Flüge · 20
Stornokosten · 77
Suchalgorithmus · 59
Switch Company · 39
Systembetreiber · 34
Systemnutzer · 35
Systemteilnehmer · 34

T

Testberichte · 57
Tourismusindustrie · 54
Travelan · 62
Travelport · 44
Tripadvisor · 53

Trivago · 53
Twitter · 67

U

Umbuchungsgebühren · 48
Urlaubsalternativen · 90

V

Vertragsrecht · 72
Vertragstyp · 75
Visa Agenturen · 48

W

Wechselkurse · 27
Widerrufsrecht · 80
Work & Travel · 91
Workamping · 93
Workaway · 95
WWOOF · 91

Z

Zimmer Upgrades · 48

Quellenverzeichnis

Spiegel.de, Finanztipp.de, Die Webseiten von Amadeus, Sabre und Travelport, reiseversicherung.com, WIKIPEDIA, Internetauftritt der Kanzlei Rechtsanwältin Grit Andersch, diverse Reiseversicherungsanbieter (travelsecure, HanseMerkur, Europassistance.de), Test.de, Welt.de, N24.de, sowie die genannten Webseiten im Buch!

Abbildungsverzeichnis

girl traveling fotolia 95908249 © adrenalinapura

Balance Sparschweine fotolia 47228880 © fotomek

Fun giraffe fotolia 77050450 © julien tromeur

Palme auf Insel fotolia61628767 © virinaflora

travel service fotolia 79101584 © Oleh Tokarev

Der Wissenschaftsthriller „Die Nano-lithografie - von Thomas Biehlig

 Das Buch skizziert auf 560 Seiten eine beängstigende Verschwörung im Rahmen des weltweiten Cyber- War. Ein Szenario das Realität werden könnte. Detailliert und brutal beschreibt der Autor wie die Supermächte versuchen die Welt 2.0 zu kontrollieren und zu beherrschen.

Pressestimmen und Meinungen

Ein packender Thriller mit einigen heißen Sexszenen und beunruhigender Realitäts-nähe. Hut ab vor diesem Debüt! (lovelybooks)
Der Debütroman enthält alle klassischen Elemente eines Thrillers. Es dreht sich gleichermaßen um Forschung, Quanteninformatik und Halbleitertechnik, wie um Verschwörung, Korruption und Mord.
(c´t Magazin für Computertechnik)
Es macht Spaß den Verläufen und Wendungen der Jagd des Helden Marc Jansen und seiner Gefährtin zu folgen! (Amazon)

Das Buch ist als Print und E-Book überall im Handel erhältlich.
Mehr im Internet unter www.nanolithografie.com

Die Lügen der Lebensmittelindustrie!
Was uns alles schmeckt!

Unser modernes Essen ist geprägt von der Notwendigkeit der industriellen Massenproduktion. Mein Buch erklärt, wie und mit welchen Tricks die Nahrungsmittel heute hergestellt werden. Welche Zusatzstoffe werden verwendet, wie funktioniert die industrielle Produktion und warum es uns trotzdem schmeckt.

Parallel dazu geht es in dem Buch um eine Reise in das Universum des „Guten Geschmacks". In den Kapiteln fächert sich das Buch auf in verschiedene Schwerpunkte, wie z.B. Senf & Ketchup und Co, Currys, Essig & Öl, Chili und Gewürze. Außerdem finden Sie passend ausgesuchte Rezepte zum Nachkochen und als Anregung.

Mehr im Internet unter www.GewürzGalerie.de

Das Buch ist in folgende Editionen erhältlich
ISBN 9783981731095 Print Pocket Edition, 395 Seiten 19,99 €,
ISBN 9783981731026 E-Book-Format epub, 3,99 € Premium
Exklusiv bei Amazon: Print Premium für 35,99€ mit über 120
Fotos und als E-Book für den Kindle 2,99€ (technisch bedingt sehr
wenig Fotos)

BLACKFLAGTRAVEL

Ich würde mich darüber freuen, wenn Sie meine Webseite besuchen und evtl. sogar über einen der Anbieter Ihre nächste Reise planen bzw. buchen. Alle Links sind geprüft und Sie werden immer wieder neue Tipps, Adressen und Anregungen finden.

- Blackflagtravel.com ist die Webseite zum Buch!
- Hier finden Sie Informationen über Reiseangebote im Internet
- Blackflagtravel.com ist ein unabhängiger Reisevermittler im Internet
- Blackflagtravel.com ist gleichzeitig das Label für dieses Portal
- Blackflagtravel.com bietet eine Linksammlung zum Thema Reisen
- Mit der Nutzung der Angebote über Blackflagtravel.com unterstützen Sie mich direkt als unabhängigen Autor